U0711163

最美合福

刘　辉　主编

企业管理出版社

图书在版编目（CIP）数据

最美合福 / 刘辉主编 . —北京：企业管理出版社，2016.12

ISBN 978-7-5164-1421-7

Ⅰ . ①最… Ⅱ . ①刘… Ⅲ . ①高速铁路－铁路工程－工程建设－中国 Ⅳ . ① F532.3

中国版本图书馆 CIP 数据核字（2016）第 281972 号

书　　　名：**最美合福**

作　　　者：刘　辉

责任编辑：尤　颖　徐金凤　李　蕊

书　　　号：ISBN 978-7-5164-1421-7

出版发行：企业管理出版社

地　　　址：北京市海淀区紫竹院南路 17 号　　　　　邮编：100048

网　　　址：http://www.emph.cn

电　　　话：总编室（010）68701719　　发行部（010）68701816　　编辑部（010）68701638

电子信箱：qyglcbs@emph.cn

印　　　刷：北京宝昌彩色印刷有限公司

经　　　销：新华书店

规　　　格：170 毫米 ×240 毫米　16 开本　12.5 印张　140 千字

版　　　次：2016 年 12 月第 1 版　　2016 年 12 月第 1 次印刷

定　　　价：68.00 元

编委会成员

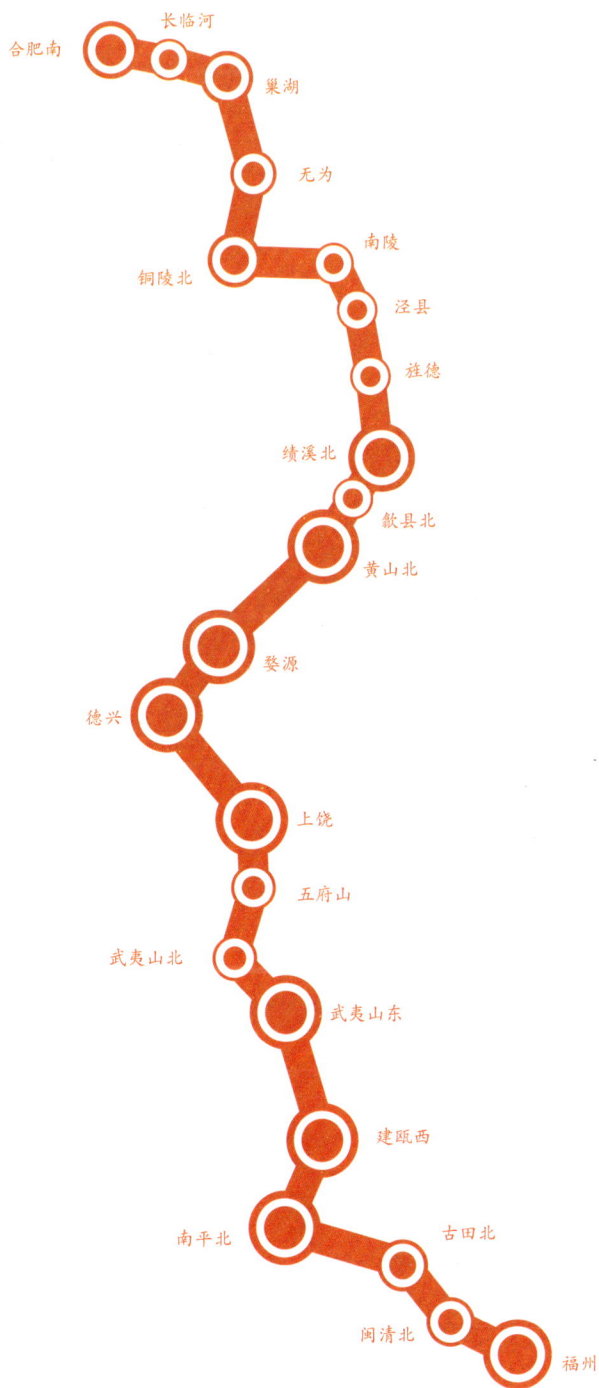

合肥南　长临河　巢湖　无为　铜陵北　南陵　泾县　旌德　绩溪北　歙县北　黄山北　婺源　德兴　上饶　五府山　武夷山北　武夷山东　建瓯西　南平北　古田北　闽清北　福州

合福高铁南岸特大桥

合福高铁跨西岭互通特大桥

合福高铁铜陵长江大桥

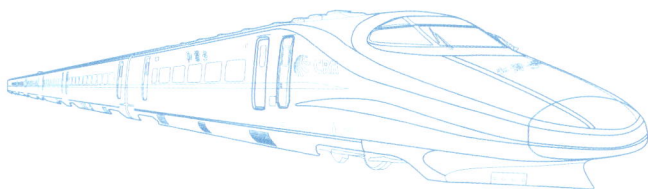

前言
Preface

　　时光流淌，岁月如歌。回首合福高铁的建设过程，依然历历在目。巨龙飞虹，拔地而起，铜陵长江大桥、南淝河特大桥、金寨路特大桥、古田溪特大桥、跨西岭互通特大桥、蒙城北路特大桥、建溪特大桥、西溪南特大桥……一条条飞虹腾空而起；笔架山隧道、花山隧道、五城隧道、闽清隧道、梧山隧道、闽侯隧道……一座座隧道贯通南北；铜陵北站、南陵站、泾县站、黄山北站……一个个车站绽放英姿。参与这条日运送旅客已达25万余人的"最高颜值"高铁的设计、施工和建设，我们中国中铁人感到无比的自豪和光荣！

　　合福高铁，起于安徽合肥，经黄山进入江西省，经婺源、德兴、玉山、上饶，穿越武夷山进入福建，经建阳、建瓯、南平、古田、闽清，到达福州。线路正线全长810.4公里，其中福建段284.3公里，江西段183.2公里，安徽段342.9公里，全线设有福州、闽清北、古田北、南平北、建瓯西、武夷山东、武夷山北、五府山、上饶、德兴、婺源、黄山北、歙县北、绩溪北、铜陵北、合肥南等22个车站，总投资约1058亿元。该线路连接了安徽黄山，江西婺源、三清山，福建武夷山等重大风景名胜区，沿途碧水丹山、烟笼人家，一路风景如画，被称为中国"最美高铁"。

合福高铁，是继京津、武广、郑西高铁之后，设计时速300公里的又一条双线电气化高速铁路。中国中铁旗下的中铁大桥院、中铁一局、中铁二局、中铁四局、中铁六局、中铁大桥局、中铁隧道集团、中铁电化局、中铁建工、中铁科工等单位参与了设计、施工，承担了过半的建设任务。于2010年1月28日开工建设，2015年6月28日正式开通运营，历时五余载建成，凝聚了近10万中国中铁人的心血和汗水。

合福高铁，是京福高铁的重要组成部分，是规划中的北京—福州—台湾快速铁路通道的组成部分，是沟通华中与华南地区的一条大能力客运通道。通车后，北接合肥枢纽经合蚌客运专线衔接京沪高铁至北京，中与沪汉蓉铁路、沪昆铁路、浦建龙梅铁路、南三龙铁路、商合杭高铁、东南沿海铁路相交，南连福州枢纽，实现了以北京为中心的环渤海城市群和以福州、厦门为中心的海峡西岸城市群的快速对接，形成了连接中国南北的大动脉。合肥至福州最快列车的运行时间由原来的8小时缩短至4小时内，北京至福州最快列车的运行时间由原来的10小时以上缩短至8小时以内。合福高铁的开通运营，对优化完善铁路网布局，提高铁路运输能力和质量，带动沿线旅游资源开发，促进中部崛起和海峡西岸经济区建设，密切两岸交流与合作具有十分重要的意义。

本书记录了中国中铁各参建单位在工程建设、项目管理、科技创新、基层党建等方面的奋斗历程和精彩瞬间，记录了工程建设中国中铁人顽强拼搏、无私奉献的精神，涌现出的先进人物、典型事迹等。以此作为纪念。

本书编委会

2016 年 12 月

目录 Contents

高铁一线贯群山　闽北秀水腾玉龙

——中铁一局合福高铁闽赣段 V 标建设纪实

　　中铁一局承担合福高铁闽赣 V 标段 52.3 公里的施工任务。自 2010 年 4 月 15 日召开建设动员大会至今，全体参建员工秉承"追求卓越是我们的人生品格"的企业核心价值观，发扬"诚信创新，永争一流"的企业精神，克服诸多难以想象的困难，先后取得国家专利 3 项，全国工程建设优秀管理小组一等奖 3 项；荣获原铁道部火车头奖杯 1 座，火车头奖章 4 枚；连续四年被评为福建省铁办信用评价 A 级企业；并且在全线连创第一墩、第一台、第一隧、第一桥、第一梁……

　　合福高铁是我国《中长期铁路网规划》中的重要组成部分，是沟通华中与华东地区的一条大能力客运通道。像腾飞的玉龙一样，合福高铁连接了我国经济发展活跃和颇具潜力的众多地区，快速对接了以北京为中心的环渤海城市群和以福州、厦门为中心的海峡西岸城市群，促进了区域经济协调发展，凸显"高铁经济"。

深思虑　严管控　精细管理见真功

中铁一局合福高铁闽赣段 V 标地处福建省南平市境内。这里是福建省"八山一水一分田"的典型代表。工程类型和数量也据此而定：路基 61 段，桥梁 48 座，涵渠 24 座，隧道 25 座，制架梁 706 孔，现浇连续梁 7 联，双块式轨枕预制 410283 根，无砟轨道道床 107009 米。

也正因为这"八山一水一分田"，造成了中铁一局管段：

——隧道多、风险源多，施工安全压力大；

——设计梁场环境复杂，架梁需多次穿越隧道，施工困难多；

——深水高墩、跨既有铁路和公路、大跨特殊桥梁结构型式多，施工技术和安全防护要求高；

——短路基多，高边坡，过渡段复杂，质量控制难度大；

——沿线处于武夷山风景区，环保、水保、文保要求高；

——便道修建里程长、维护条件极差。

常言道：沧海横流，方显英雄本色。中铁一局在项目中标的次日，即 2010 年 4 月 15 日就召开了施工建设动员会；4 月 16 日以中铁一局总工程师范恒秀为项目经理、中铁一局副总工程师杜强为项目常务副经理等的项目领导班子成员就进驻工地；4 月 23 日首次工地例会就在施工现场召开了……

项目部要求参建员工树立一个信念：没有难点，只有亮点；誓达两个目标：信誉争第一，效益创一流；确保三大效益：社会效益、经济效益、人才效益；实现四个满意：让社会、业主、公司、参建员工满意。同时，要求各参建单位以"机械化、工厂化、专业化、信息化"为支撑，以"动态施组、安质双控、科技创新、文明施工、党建对标"为抓手，把合福高铁建成世界一流铁路。

中铁一局合福高铁项目已完工的无砟轨道道床

以此，擂响了合福高铁闽赣Ⅴ标施工"大干一场"的战鼓。

项目部随后把"征地拆迁"工作作为大战前的序幕拉开。常务副经理杜强深知，当前最重要的工作就是"征地拆迁"，没有地，什么工作都犹如老虎吃天——无法下口。因此，他亲自挂帅，指定一名副总工程师担任"前部先锋"，调集专职征拆人员10人力推。各分部党工委书记直接上手，主抓主推征地拆迁工作，自上而下建立健全了征地拆迁管理信息网络，配足配强了征迁队伍，明确了工作范围、目标。项目部、各分部上下联动，不断创新工作方法，快速推进征地拆迁。当然，在征迁工作中，项目部始终坚持"以人为本，和谐征迁"，紧紧依靠政府有关部门和村镇领导，挨家挨户做工作，宣传客运专线建设的重要性，工期的紧迫性；宣讲国家政策、补偿标准，取得了大部分村民的认同、认可，签订了补偿协议，让出了施工用地。

在此期间，发生了一件被我们称之为"馒头外交"的故事。一天，二公司分部党工委书记唐兴平和地方政府有关部门负责人查看征地拆迁现场后，在分部食堂吃工作餐。这位负责人吃到馒头时，连连夸奖"好吃、好吃！多少年都没有吃到过这么好吃的馒头了"。当了解到这位负责人是北方人，喜欢吃馒头时，唐兴平说："喜欢吃就带一些。"就这样，以馒头为媒介，唐兴平"诚实、负责、豪爽"的人品被这位负责人所认可，自然，二公司的征地拆迁工作也就水到渠成。

随着交往的加深，中铁一局和地方政府、村镇干部的关系日益和谐，中铁一局和建阳市携手开展以"三优先"为主题的路地共建和谐示范线活动，推进了征拆工作。到2010年年底，中铁一局标段途经的南平市所属武夷山市、建阳市、闽北经济技术开发区、建瓯市等4个县市区，涉及4乡（镇）13个自然村的征地拆迁工作，完成了80%，为施工生产提供了高天阔海的舞台。

就在征地拆迁工作紧锣密鼓、如火如荼地进行时，项目提出了2010年以"抢抓开工点、兑现开工率"为主题，以打好"征地拆迁战役、全面开工战役、'大干130天'实现合福项目总目标"这三大战役为重点，加快施工生产。2010年，中铁一局被京福客专闽赣公司评价为"福建段的一面旗帜"。

依据施工进展，项目部确定的每年工作主线分别为：

——2011年，以"抓实五件事、实现六个一工程"为工作主线。"五件事"即以施工组织设计为依据，确保年度投资计划的全面完成；以安全质量管理为核心，把源头、抓细节、控过程，全力打造精品工程、放心工程；以关键线路为坐标，实施重难点工程重点卡控，确保架梁通道畅通；以实施全面建造合同的完成为抓手，确保成本受控、工程高效有序推进；以标准示范工地及"小四化"建设为支撑，全面推进标准化管理升级，使标准化建设上升到一个新的水平。"六个一工程"，即搞好"高扬党旗建合福，创先争优铸精品"主题活动；继续深入打造一个以上标准示范工地；力争获得一项中国中铁股份公司以上级别的科技进步奖；勇夺合福客专全线劳动竞赛第一名；信用评价力争第一；推出一个中国中铁股份公司以上级别的劳动模范。

——2012 年，以"强攻主线、扫清路基、推进桥涵、贯通隧道、顺利架梁"五句话、二十个字为工作主线。

——2013 年，奏响"以桥梁制运架为先导；以无砟轨道施工为主线；以全面扫清线下尾工为根本；以喜迎铺轨为目标"的工作主旋律。

——2014 年，以无砟轨道施工为龙头；以"抓收尾、全面闭合；抓验交、全面创优；抓二次经营、全面丰收；抓工程总结、全面提高"为工作主线。

依据工作主线，项目部按照"制度建设标准化，人员配备标准化，过程控制标准化，现场管理标准化"的要求，及时建立并完善了 163 项项目管理制度，整理汇编出一套四本《项目标准化建设管理手册》，下发各分部对标执行，做到开工伊始，制度健全，体系完善，保证了项目管理有法可依。项目部推动建设标准化拌和站、试验室，以及钢筋钢架加工工厂，使工厂化生产有了牢固的基础；推动组建架子队强化隧道围岩量测和超前地质预报、推行机械手喷锚、移动模架浇注水沟、电缆槽混凝土工艺工法等，打造了隧道施工标准示范工地。

不仅如此，项目部所属建阳制梁场和建阳轨枕场的机械化、专业化、工厂化、信息化的"四化"统一管理，工地生活、工地卫生、工地文化的"三工"建设，办公、生活、生产"三区"的分立布局，受到了福建省委、省政府和京福闽赣客专公司领导的一致好评，成为合福客专"四化"建设的窗口单位。

作为施工管理的重要内容，安全质量管理体系建设与有效运行，是做到"安全是天，质量是命"的关键所在。项目部先后推动建立健全了 40 多项管理制度、8 项自控体系和事故处理、防洪防灾等 6 项应急预案，坚持每周下发安全质量专项检查通报、每月召开安全生产工作例会、每月开展安全质量大检查，以及其他措施。做到天天讲安全，事事保安全，人人管安全。

2013 年 7 月 10 日，全国工程建设质量管理小组代表会议在美丽的春城——昆明举行，二公司隧道 QC 小组的《隧道水沟电缆槽移动模架研制与应用》QC 成果，在第一组 71 个 QC 成果中脱颖而出，获得一等奖。桥梁公司运架梁分部架桥机过路基、过隧道两项 QC 成果分别获得 2012 年、2013 年全国工程建设优秀 QC 小组活动成果一等奖。

中铁一局项目部质量管理和成果窥斑见豹。

作为建筑施工企业，生产进度是必须确保的。项目部先后取得了几项第一：2010 年 10 月 18 日，二公司分部完成福建段首个灌注墩身——美女山大桥 9 号墩；2011 年 4 月 15 日，二公司分部承建美女山大桥成为福建段首

中铁一局合福高铁项目二公司分部施工的美女山大桥成为福建段首座主体完工的大桥

座主体完工的大桥；2011 年 4 月 16 日，桥梁公司分部徐墩制梁场 900 吨箱梁开始浇注，是合福客专福建段浇注的第一梁；2011 年 1 月 27 日，京福闽赣铁路公司首批确定了 4 个标准化示范工地，中铁一局 V 标是全线八个标段唯一的一个路基标准化示范工地；2011 年 1 月 24 日，四公司分部蔡墩一号隧道上半断面安全顺利贯通，这既是京福铁路客专闽赣 V 标贯通的首座隧道，也是整个合福高铁客专福建段内第一个贯通的隧道；2012 年 6 月 10日，中铁一局合福客专闽赣 V 标徐墩梁场首榀箱梁由桥梁公司运架梁分部开架，这也是合福客专福建段开工架设的第一梁。

徐墩梁场首孔箱梁浇注

攻科研　重运用　施工生产添虎翼

科学技术是第一生产力。在施工生产中，中铁一局紧密结合科技研发，攻关破寨，先后取得国家专利 3 项。

桥梁公司运架梁分部承担合福客专闽赣 V 标 317 孔箱梁的运、架梁任务。要按期完成任务，架桥机就要解决 8 次穿越隧道，15 次过路基，1 次跨既有线架梁，2 次架桥机调头等技术难题。分部项目经理张龙彪、总工程师李召弟、副经理张先军组成了科研攻关小组，研究解决这些难题。桥梁公司运架梁分部使用的 LG900H 辅助导梁式架桥机，原来每次穿越隧道都要将架桥机全部拆开解体成零件，在运输到隧道另一端，再组装起来使用。这期间，每班 20 ~ 25 人、两班拆卸，需要 12 天时间，组装、调试架桥机需要 15 天，前前后后就是一个月。如果再把租用吊车、运输车上百万的费用算上，费时费力。

张龙彪他们一方面积极与厂家沟通，另一方面带领技术团队仔细分析整机结构和运行动作，查阅资料，走访有关专家，提出了主机、导梁分离式半解体过隧道的方案。也就是只将部分设备拆下来运到隧道另一端。科研组在项目部大力支持下，对架桥机进行了技术攻关，使主机前支腿可以折叠、马鞍梁可以旋转、平衡梁可以后转、折臂梁可以向上翻转、动力组移动到桥机后端、托架立柱进行强化并增加了伸缩支腿，这六大部位成功地进行了改造，使架桥机能够顺利穿越隧道。这样，每班十七八个人、两班连续作业 7 天，再继续优化至单班作业 5 天时间就可以穿越隧道，大大地加快了运架梁施工，于 2013 年 6 月提前圆满完成了箱梁架设任务。

心有灵犀一点通。架桥机过隧道科研的成功，又带来了架桥机过路基由爬行方式变为推行方式的成功，功效由每 4 小时 30 米提高至每 0.6 小时 30 米；在场地狭小的情况下，利用托架与临时支墩替换法原位拼装架桥机技术，使架桥机拼装不需要提梁机辅助，不需要百吨级大型汽车吊参与施工，提高了功效，节约了成本，增加了经济效益。因此，桥梁公司运架梁分部获"一种下导梁式架桥机过隧道施工方法""架桥机过路基用推行装置"和"架桥机过路基用推行装置及架桥机过路基方法"3项国家专利；科研组主持完成的"LG900H辅助导梁式架桥机综合施工技术"科研成果获中国铁路总公司科技三等奖。

隧道水沟电缆槽施工，以往采用组合钢模分步浇筑，需要投入大量的劳动力，工序繁杂，循环时间长，施工进度缓慢。二公司分部总工程师胡刚，带领团队，对隧道水沟电缆槽结构进行科研，从模板到移动模架亲自设计图纸，自行加工隧道水沟电缆槽移动模架。移动式模架长11米，在施工中通过丝杆把模板悬挂起来，使模板可以左右移动到设计的平面位置；拧动螺丝帽可上下调整模板高度，使模板与设计标高一致；在模板调整到设计位置后，通过"定位卡"固定模板与模板之间的相对位置和模板与模架的相对位置，最后进行混凝土浇筑；脱模后，通过机械牵引使模架整体移动到下一模混凝土浇筑的位置。从模板的移动安装到浇筑仅需4名工人在7.5个小时内就能够完成。这一科研成果简化了施工步骤，保证了每天能完成10米的施工任务，提高了水沟电缆槽的施工进度，实现了水沟电缆槽的整体性浇筑和线形美观，而且确保了隧道内运梁车运梁和电缆槽施工同时进行，互不干扰，为合福客专闽赣V标整体工期提供了有力保障，取得了显著的效果。

新运架梁分部在使用国内首台最先进的JQDS900过隧架桥机时，严重制约架梁效率。分部通过与设计、制造单位协作，成功对新型JQDS900过隧架桥机实施技术改造，工序优化，率先在福建段创造第一家架设箱梁突破200孔，也成为全国第一家使用JQDS900最新型过隧架桥机突破200孔大关的单位，并在2013年6月6日创单机架4孔箱梁的全国新记录。在芹口特大桥连续梁零号块施工中，新运架梁分部对原设计的钢筋混凝土临时支墩进行改进优化，采用分离式临时固结体；对零号块支撑架的传统工艺进行改革，采用锚固双拼工字钢做悬挑结构，这样既可以满足连续梁施工时对稳定性和安全性的要求，又可以使施工安装方便、拆除快捷，累计节约成本近百万元。

合福客专闽赣 V 标项目预制箱梁使用的主要钢筋型号和长度分别是直径 16 毫米长 9.36 米、直径 18 毫米长 11.6 米、直径 20 毫米长 11.6 米、直径 25 毫米长 9.43 米，如果采购国标定尺钢材 9 米或 12 米的，需剪断后进行焊接才能使用，这样就增加焊接接头数量、工费、焊接用电以及试验检测费用，而且增加钢筋废料，损耗较大。项目部就把用量较大的主筋请厂家全

芹口特大桥连续梁施工

长定制，这样就降低了 3% 以上的损耗、减少加工成本和焊接用电。这样，既可以从源头处把控钢材质量，避免供应商市场零星采购造成质量风险，又可以直接通过厂家订货，集中铁路发运保证制梁钢材的供应。

项目部组织各分部工地试验室对各强度等级混凝土配合比进行统计分析、比对；针对不同厂家材料及混凝土原材料质量波动情况对混凝土配合比进行优化、试配、资料整理、汇总。优化不同强度等级混凝土配合比 8 个，其中 7 个用于工程施工，节约成本约百万元。

项目部还在隧道施工中推广应用了仰拱曲模、二衬台车定型钢模堵头板、可移动式栈桥、架立钢拱架、挂设防水板简易台车等科研成果、工艺工法，不断提高施工生产功效。

惜环保　承义务　央企风采尽展现

中铁一局合福客专闽赣段 V 标主要处于武夷山区，这里风景区、自然保护区、森林公园、文物保护单位众多。为保证这里"山清翠水碧绿"，项目部以建设优质、绿色工程为目标；以严格管理、文明施工为手段；对管段环保、水保做了全面规划，提出了综合治理的方案，确保建设优质工程，保护好当地环境，造福当地人民。

项目部成立了以杜强为第一责任人的环水保领导小组，制订了中铁一局合福客专闽赣段 V 标段环境保护与水土保持专项方案，建立了完整的环境保护和水土保持保证体系，并确保体系有效运行。项目部在每项工程开工前对分部上报的开工报告、专项施工方案及相关环保措施进行审核，并按照"三少"原则进行优化，即少占耕地，少伐森林，少侵河道；对环境保护措施不到位的不予批准开工。在施工中，项目部发现造成环境污染的行为及时予以纠正，还要复查整改落实情况；没有整改或整改不彻底的，限期定人整改闭环，并做详细检查记录。

管段各工点在施工现场进出口设置有环境保护宣传标志牌，各工点加强对施工便道的养护工作，根据天气情况及时进行洒水降尘。项目部在施工中倡导推行清洁化生产工艺，规范施工现场，做到文明施工，使工程施工造成的影响达到环境损失最小、费用最少、生态功能最佳的效果，确保绿色工程的建设实施。

开工以来，管段内实际设置弃土弃渣场 47 处，且均在下游设置了挡土墙，做了排水设施及坡面防护。路基换填料源大部分来源于隧道开挖出来Ⅱ、Ⅲ级围岩加工而成，没有在红线外开设取土场，所以不会造成植被破坏。路基边坡喷播植草 72015 多平方米，喷混植生 16 万多平方米，栽植灌木近 50 万株，绿化面积达坡面的 95% 以上，项目部的拌和站设置有三级污水沉淀池，减少了河水污染。

作为中央企业，不仅要搞好施工生产，在天灾面前还有一份社会责任和义务。2010 年 6 月 18 日，闽北地区发生了特大洪灾。项目部组织 57 名抗洪抢险突击队员冒着瓢泼大雨，星夜兼程奔赴抢险地点，连续奋战 53 小时，清理坍塌土石方 2 万余方，一举抢通被掩埋的南福铁路横南段铁路，使受困两天一夜的客运、货运列车安全通过塌方路段。

有一次，南平地区兴田镇、将口镇受灾损失严重，项目分部立即启动抢险应急预案，组织人员和抗洪物资、抢险设备，第一时间支援地方救灾。又在第一时间给兴田镇和将口镇的受灾村民送去了大米、食用油和方便面等慰问品，并积极配合地方的灾后重建工作。

2010 年 6 月 27 日凌晨，闽北地区建阳至建瓯铁路多处塌方，列车受阻，情况十分危机。项目部再次启动抢险应急预案，项目分部的抢险队员在 5 分钟之内迅速集结完毕，乘坐抢险大巴车赶往抢险地点。抢险队员争分夺秒，发扬不怕苦、不怕累的精神，连续作战，由于铁路洪灾、塌方、泥石流不断，道路受阻，抢险队员携带工具沿铁路线步行 5 公里才赶到了抢险目的地。此时的抢险地，喊声、雨声、号子声汇集成一个宏大的抢险场景。大家饿了就吃口方便面，渴了喝上一瓶矿泉水，连续奋战了 20 个小时，抢险队员们用一双手、一副肩膀硬生生地抬出了近 4000 立方米的淤泥和石头，抢通了铁路大动脉。次日早上 7 点 30 分，满身疲惫的抢险队员们，还没有来得及洗个热水澡，又整队前往武夷山，再次投入到抢险第一线……

在施工的这几年中，中铁一局还为地方政府、村民做了许多诸如修桥补路、开挖宅基地等利民好事、实事，受到了各方赞扬，彰显了中铁一局的央企风采。

抓党建　传文化　精神力量显威力

2011 年 3 月 26 日上午，中铁一局合福客专项目"高扬党旗建合福，创先争优铸精品"主题活动启动仪式在徐墩制梁场隆重举行。中铁一局党委书记张为和出席仪式并发表了热情洋溢的讲话。张为和说，"这项活动是合福客专闽赣段 V 标项目部加强项目党建工作，是全方位调动参建员工积极性，全面掀起施工生产高潮的重要举措，同时也是中铁一局党委'高扬党旗'系列活动的重要组成部分"。张为和要求，项目部及各参建分部要将创先争优、劳动竞赛、信誉评价等活动和工作内容融入其中，贯彻到项目建设始末。要充分发挥党组织的政治优势，进一步掀起创先争优活动高潮，让党旗高高飘扬在合福高铁客专项目上，让项目党组织作用发挥在合福高铁建设中，让广大党员职工建功在合福高铁客运专线，为施工生产提供强有力的思想政治和组织保证，激励全体参建将士发奋进取，努力实现合福高铁客专精品线、安全线、生态线、和谐线的建设目标。

以此为契机，项目部先后开展了创先争优、执行力建设年、管理提升－精细化管理、法律法规教育年、党的群众路线教育实践等主题活动，相继组织成立了"党员先锋队""青年突击队"，设立了"党员责任区"和"党员先锋岗"，开展了党员"五先五最""党员身边无事故""党员先锋工程""廉洁工程建设示范线""为民、务实、清廉"等活动。党组织的战斗堡垒和党员的先锋模范作用得到了充分发挥，广大党员在抓重点、攻难点等急难险重任务中，勇挑重担、冲锋在前，展示了中铁一局党员的风采，党员的先进性、示范性在生产一线得到充分体现，有力地促进了项目工程在福建段始终保持领先地位。

2012年11月23日上午，项目部党工委组织项目和各分部干部、党员56人参观了建阳市警示教育基地并进行了预防职务犯罪培训，旨在加强合福客专项目党风廉政教育，筑牢党员领导干部拒腐防变的思想道德防线，促进项目部廉政建设工作。项目部党工委还与各参建分部党工委（党支部）签订了党风廉政建设责任书。

2013年4月6日，中铁一局工会与项目部共同举办的中铁一局合福高铁客专"合福杯"男子篮球赛顺利开赛；项目经理部、二公司分部、新运公司架梁分部等九支参赛篮球队共计89名队员、10名裁判员、各分部的经理、书记、工会主席、助威的啦啦队和观众朋友，共160余人参加了开幕式。"合福杯"男子篮球大赛是中铁一局工会为了丰富广大参建员工的业余文化生活，让大家更好地服务于合福客专建设，与项目经理部共同举办的。

项目部先后开展了丰富多彩的劳动竞赛活动和"五一"越野赛、自行车拉力赛、"七一"庆祝建党唱红歌比赛、座谈会、研讨会等多种形式的文化娱乐活动。为了给参建员工营造一个舒适、温馨的工作、生活环境，工会工委积极开展"三工"建设，使员工感到身心愉悦，健康生活、快乐工作，为全面完成建设任务做出了贡献。

项目部创办的《合福之韵》简报，全面、真实地反映了中铁一局管段的建设过程，起到了反映情况、交流经验、内鼓士气、外扬名气的效果；制定了《宣传报道管理办法》，举办了通讯员学习班，提高了通讯稿件数量和质量。项目在党报国刊、中国中铁、铁路建设报、集团公司网站等各级媒体刊发稿件近4000篇，编发《合福之韵》81期。每次大型活动，项目部都坚持制作图文并茂的汇报材料，作为展示中铁一局的管理水平和综合实力的窗口。这些举措都起到了扩大宣传力度、展示企业良好形象的作用。

由此，孕育了"敢打敢赢、勇争第一"的中铁一局合福精神！这种精神是中铁一局企业精神的补充和完善，也是中铁一局企业精神的发扬和光大，更是中铁一局企业精神的传承和弘扬。

近五年来，中铁一局项目部5次获得京福闽赣客专公司季度劳动竞赛第一名，2次获得年度劳动竞赛第二名；2次获得全线八个标段信用评价第二名，2次获得全线11个标段信用评价第三名；持续创福建段11个第一。2次承办全线现场会，3次承办福建段现场会，中铁一局始终时刻保持着领跑态势，展示了中铁一局良好的市场信誉和企业形象。

（撰稿人：王冬生　王　利）

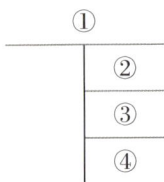

① "高扬党旗建京福 创先争优铸精品"主题活动启动仪式现场

② 庆祝建党 90 周年歌咏比赛

③ 举办全标段篮球大赛,图为首场比赛开球

④ 开展劳动竞赛

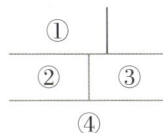

① 项目施工的跨浦南 2 号特大桥

② 试验检测列车通过一局 V 标
　南岸特大桥

③ 建瓯建溪大桥水中墩施工

④ 高铁列车穿行在一局 V 标桥
　隧之间

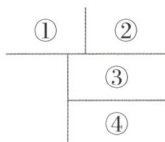

① 九台山隧道施工

② 新型架桥机进入芹口隧道

③ 武夷山东站梁场和站场

④ 标准规范的拌合站

八闽大地展雄风

——中铁二局合福高铁闽赣段Ⅷ标建设纪实

合福高铁闽赣段位于江西省东部、福建省东北部地区，线路全长466.8千米，含路基45.5千米，正线桥梁147.2千米，隧道274.1千米，车站11座。

中铁二局合福高铁闽赣Ⅷ标起讫里程DK741+245 ~ DK812+640，线路全长71千米，合同总价50.7亿元。含桥梁27座13.9千米，涵洞6座182.3横延米；隧道16.5座50.3千米，路基6.8千米，土石方210万方。具有途经偏远山区，地理条件困难；穿越地貌单元多，地质条件复杂；所处区域雨季长、台风频发，气象环境多变；穿越风景名胜区、自然保护区、引用水源保护地等特殊敏感目标，环保要求极高；质量安全压力大，工程任务艰巨等特点。其中，闽清隧道、梧山隧道及闽侯隧道等长大隧道是本项目工期控制重点；古田溪特大桥深水高墩、跨西岭互通特大桥连续梁施工是本项目施工技术难点；DK808+500 ~ DK812+640段工程邻近或跨越既有铁路，安全压力大，是本项目安全控制重点。

自 2010 年 4 月进场施工以来，中铁二局合福项目经理部及参建子公司克服了征地拆迁、施工图纸滞后、投资不到位等各种困难，顽强拼搏，确保了安全质量和工程进度，为合福高铁 2015 年 6 月 28 日顺利开通打下了坚实基础。

施工生产有序推进

五年来，中铁二局合福项目部始终坚持施工生产这一中心，将 2010 年、2011 年、2012 年、2013 年、2014 年、2015 年分别确定为工程的开局年、推进年、攻坚年、决战年、决胜年、开通年，结合项目不同阶段的推进特点，及时调整工作重心，扎实推进各阶段重点工作，确保了施工生产有序推进。进场以来，项目部领导班子带头牢固树立"思路决定出路，速度决定成败"的思想，教育和引导广大参战员工充分认识合福高铁施工的艰巨性和紧迫性，主动出击，不等不靠，抓早、抓实、抓成效，在 20 天内就完成了安摊建点，高起点的工作推进为顺利打开施工局面创造了条件。

在此基础上，针对Ⅷ标段的实际情况，经理部和各分部以标准化管理为抓手，强化管理督察和过程监控；以工点督察、现场办公为手段，加强对重难点工点的帮扶指导；以加强物资集中采购为突破点，统筹调控各类资源；以优化组织结构为契机，探索推行架子队和直管项目管理，加强施工组织保证，并采取多种超常规措施和手段推进施工生产，各项节点相继实现。

2012 年 10 月 15 日，合福高铁客运专线闽赣段重点控制工程，跨西岭互通特大桥主跨顺利实现合龙。11 月 4 日，管段首条长大隧道闽侯隧道贯通。2013 年 3 月 21 日，梧山隧道贯通。5 月 25 日，在闽侯隧道开始无砟轨

2012 年 10 月 30 日闽侯隧道贯通现场

道施工，并于 5 月 28 日一次性通过无砟轨道施工首件工程评估。6 月 17 日，全线控制工程古田溪特大桥全桥顺利合龙。8 月 8 日，标段最长的隧道闽清隧道贯通。2015 年 3 月 1 日，闽赣段进入联调联试阶段。6 月 28 日，合福高铁客运专线顺利开通。

根据合福高铁工期紧、任务重、地质结构复杂、施工技术要求高的特点，项目坚持加强施工技术管理。一是深入现场，协同作业队共同排查当前的施工卡控点，优化施工方案和资源配置，确保了闽清隧道、古田溪特大桥、闽清北站桥梁等重难点工程按期完工。二是针对 2013 年下半年全面展开的无砟轨道施工，以闽侯隧道出口为试验段，组织作业队施工技术人员集中进行培训、交底，落实施工方案，明确工艺和工序控制标准，顺利通过了建设单位的验收，并三次组织其他兄弟单位到项目现场交流、学习。在无砟轨道施工时，组织多支队伍全面同时开展缺陷整治工作，重点推进隧道缺陷整治和拱顶回填注浆工作，针对第三方检测结果，对每个隧道存在的质量缺陷问题制定整改方案，明确责任人。同时，大力推进沉降观测、CPⅡ及CPⅢ观测等评估工作，根据现场实际地质及沉降情况，积极联系建设、设计、评估单位，通过堆载提前评估并卸载、沉降预评估等方式合理合规地提前了沉降观测周期，确保了CPⅡ及CPⅢ网的建立和通过，满足了无砟轨道施工要求。无砟轨道施工尚未完成，项目部又积极做好铺轨准备工作，以京福公司2013年12月25日铺轨要求为红线，积极联系南昌局、建设、设计等单位，落实铺轨基地建设方案，明确轨料来源及铺轨方案，铺轨基地于9月10日通过验收。

在无砟轨道施工中，针对线下工程滞后的实际，项目提前进行谋划，制定详细施组。2013年9月，随着线下单位部分隧道、路基相继交付，项目部果断决策，于9月26日掀起"大战100天"的施工高潮。参建的新运公司从多个项目部抽调了一大批业务素质高、施工经验丰富的技术管理骨干和工装设备火速集结，组建了10支无砟轨道专业化施工队伍，配置劳动力2000余人，按照"能上的坚决上、初具条件的迎着困难上、不具条件的创造条件上"的思路，主动上手，抢占先机，在沿线多座隧道同时拉开战幕，迅速掀起无砟轨道施工高潮。施工高峰时期，配备龙门吊24台、轨道排架650榀、重型吊车10台、工程运输指挥车45辆，外租赁砼罐车60辆、拌和站7座、电力变压器40个全力抢工，施工投入较原施组方案增加了近3倍。

在施工过程中，项目部取得了线下主体工程及无砟道床施工提前福建段其他施工单位三个月以上完工的骄人成绩，获得2015年上半年信誉评价第一名，荣获2015年度福建省重点项目信誉评价信誉良好A级施工单位，且获得了中华全国铁路总工会授予的"火车头奖杯",并多次受到业主的表彰,为企业赢得了信誉。

标准管理成效显著

来到合福项目的施工现场,干净整洁的工地让人过目难忘。

自进场以来,经理部就始终坚持以"制度建设标准化、人员配备标准化、现场管理标准化和过程控制标准化"为目标,树立"坚持一个目标,发挥两个积极性,实现三个一流"(一个目标:安全、优质、高效建成合福客专;两个积极性:子公司积极性和分部积极性;三个一流:一流工程、一流技术、一流队伍)的总体思路,按照"高标准、严要求、不懈怠"的原则,深入推进标准化管理,打造了良好的形象,成为了中铁二局标准化样板工地。

在标准化建设过程中,项目部首先规范内业资料,经理部和分部两级机

标准化施工的小箬特大桥

构组织开展内业资料培训，规范了施工日志、检验批资料、培训记录等，做到内业资料完整、准确和及时，内业资料内容符合现场实际，加强内业资料的检查和抽查，及时消除遗留问题。项目部将跨西岭互通、古田溪、小箸特大桥，闽清、闽侯、梧山隧道等12个工点定位为全线标准化施工工点，进行重点打造。

梧山隧道标准化

2011年，经理部下发《关于打造形象工点并实施领导包保的决定》，对所有形象工点的建设实施"领导包保"，通过领导亲自过问，强力推进标准化工地的建设。同时，下发标准化管理文件，并按文件要求全面落实标识标牌、防护警示、现场布置等各项规定。项目部成立安全文明施工领导小组，明确各工序责任人，加强现场巡检，及时召开现场会解决问题；实行班前检查验收制度，做到了新开工点必须经检查合格后方可进行。

在 12 个重点工点标准化打造的过程中，项目部全力推行"环保京福路"理念，统一了现场标识、标牌、宣传标语。对所有隧道及桥梁工点的建设均做了明确要求，包括隧道洞内管线布置、通风照明、洞口门禁系统、沉淀池设置、"五牌一图"的摆放；桥梁工程泥浆池围护、墩台标识；拌合站、钢筋加工场的场地硬化、机具料具的堆码标识，临时用电等。同时，因地制宜美化施工环境，对生活驻地及拌合站、钢筋加工场、配电房、空压机房等场地进行了硬化，采取了遮阳避雨措施，并对周边进行了绿化。隧道洞口场地全部统一规划并全部硬化，隧道顶部、两侧边坡全部绿化，并安装了防护栏。对各种机械设备均进行了有效标识，生活驻地、施工现场、拌合站均设置了污水沉淀池。隧道施工确保了排水系统的完善，隧道内污水进行了三级沉淀后排放。弃（碴）土场、施工便道、施工场地采取了挡碴墙、挡碴护坡、挡土墙工程以及综合排水工程等水土保持措施，最大限度地减少了水土流失。

为做到全面布局、统一规范，经理部要求各分部结合现场情况，对形象工点进行认真规划并上报规划方案至经理部，经理部批准后予以实施。同时，经理部还多次组织各分部建设工点相互观摩学习，取长补短，宣传了二分部隧道水沟电缆槽和中心沟整体移动钢模施工等先进的隧道施工工艺，通过经验交流促进了标准化工地的建设工作。其中梧山隧道、古田溪特大桥接受了国家检查组现场检查，古田溪特大桥 2012 年 11 月份通过了公司的安标工地检查验收。

扎实推进架子队标准化建设，经理部共组建了 1 个直管项目部、33 个架子队。按照股份公司要求和施工需要，经理部从机构设置、人员配备、技术管理、现场监控等方面都结合合福项目的实际进行了合理、科学配置。并

古田溪特大桥连续梁施工

在实际操作中突出了劳动合同签订、岗前培训和持证上岗、技术交底和技术服务、现场操作监督、评价考核和对劳务工关心爱护等工作。

严防死守确保安全

项目管段包含了闽清隧道、梧山隧道及闽侯隧道等长大风险隧道，深水高墩、连续梁拱施工难度大，部分管段临近或跨越既有线，安全风险高。控制好安全质量对按期优质完成施工具有重要意义。

进场以来，经理部和各分部对安全和质量工作做到了思想认识上警钟长鸣、制度保证上严密有效、技术支撑上坚强有力、监督检查上严格细致、事故预防处理上方案可行，并坚持对重点工程的重点部位、重点岗位，实行定岗定员制度，实现了项目自开工至开通、全过程安全生产的有序可控。

完善规章制度，加强安质管理体系建设。按照铁路客专项目建设"四化"要求，经理部坚持质量立身和铁腕治安全理念，结合铁路客专工程特点、铁道部新规范要求和业主有关文件精神，制定了《基础技术资料管理制度》《安全生产管理制度》《工程质量管理办法》《物资管理办法》《安全文明工地标准化管理办法》《工程项目责任成本管理实施意见》等办法，规范统一全标段的施工技术、质量、安全、物资管理工作。同时，根据工程进展情况，对相关管理制度和办法进行梳理，结合现场实际和执行中发现的各种问题，进一步完善和修改了《加强隧道结构防排水及重要工序施工质量控制的通知》《关于进一步明确桥梁梁部施工监控程序的通知》《关于规范隧道及桥梁工程施工工序质量内控检查验收的通知》和《关于加强短小隧道软弱围岩施工安全控制的通知》等一系列管理制度和办法，对各工序各环节实施横向到边，纵向到底的全覆盖管理。同时，按照股份公司《项目经理部安全生产责任制管理实施办法》文件精神，经理部认真按照文件精神进行了贯彻落实，完善了《安全质量责任书》《安全质量承诺书》履职考核等相关工作。按照文件要求，每季度末进行部门和个人安全质量履职考核。同时检查了分部安全生产责任制的贯彻落实情况，对《安全质量责任书》《安全质量责任承诺卡》《岗位安全质量责任承诺牌》履职考核情况等进行了督促检查。在完善规章制度及管理办法的同时，经理部还根据股份公司要求，对各分部专职安全总监和专职安质管理人员配备进行了核查，经理部及分部均严格按照股份公司文件的要求进行安质管理人员配置，保障了安质管理体系的有效运转。

强化教育培训，提升队伍素质。经理部每周组织至少一次安全学习，对上级文件精神和经理部安全质量管理办法进行传达和学习，所有进场人员都必须经过三级教育培训。同时，组织"安全质量专题交底""民用爆炸物品使用管理专题学习"等大型培训教育活动，根据现场存在的问题有针对性地开展培训教育工作。为确保施工行为规范标准，组织各分部按照"横向到边、纵向到底"的原则开展《铁路工程施工安全技术规程》等知识学习，同时选派有关人员参加建设单位组织的施工培训并取得了合格证，特殊工种人员培训和持证上岗率达到100%。在日常检查中，将培训教育工作作为重点内容进行检查。五年来，项目部共组织和参加了各级安全质量专题培训59批次，参培人员7000余人次。

强化技术交底，狠抓过程控制。针对生产中的薄弱环节，制定有针对性的安全质量防护措施，做到层层交底，切实加强施工现场和队伍管理，为安全生产全过程提供坚实的保障。经理部管段所有隧道施工、桥梁移动模架、支架现浇及挂篮施工、铺轨铺岔等作业均编制安全专项施工方案，对所有高风险工序进行安全专项交底，要求交底到基层每一个作业人员。同时，做好隧道防坍、高空作业、大型模板施工吊装、特种及大型设备管理、既有线施工安全卡控、爆炸物品管理、临时用电、轨道施工运输及调车作业、防汛防台风等安全控制及原材料质量、砼质量、图纸审核、测量、构筑物实体和外观等质量管控。在日常内业资料检查中主要对技术交底落实情况进行检查，要求交底内容要有针对性且通俗易懂，签字必须齐全。针对现场存在的较为突出的四电接口施工、隧道工程防排水施工、隧道施工红线控制标准、隧道缺陷整治等安全质量隐患点，经理部再次组织进行专项交底。对施工作业重点、风险点进行严格过程把控，确保每一道工序施工合格，每个风险点有防范措施。特别是对长大隧道内施工及行车防护，通过在组织管理上、方案措施上、现场监控及检查验收上的包保和盯防，消除了安全隐患，实现了施工有序、安全可控。

加强监督检查，严格惩处机制。建立安全质量月度大检查、每周巡查制度，对经理部领导、工程部、安质部的日常检查做了详细规定，对检查中发现的问题除按要求限期整改外，着重对整改情况的验收，经核实整改不合格的单位和个人，除对其进行经济处罚外，还要召开安全质量整改现场会，发现一起纠正一起，坚决杜绝安全质量事故的发生。

扎实开展专项活动，助推安全管理。根据国家、国资委、公司及业主相关会议及文件精神，开展了安全大检查活动，规范各种违规施工行为，消除事故隐患。推进百日安全生产活动，成立领导小组，对安全生产及隐患排查做了全面梳理和排查。下发原材料专项检查活动的通知，对原材料从供应、接收、试验检验、现场堆放、保管等环节进行专项检查。扎实开展"节后复工安全检查""全员安全教育""安全生产月""打非治违"等活动，及时解决施工中存在的突出问题，使安全质量工作有了较大提升，推动了项目的中心工作。

科技创新攻坚克难

根据合福高铁工期紧、任务重、地质结构复杂、施工技术要求高的特点，项目坚持做好技术服务和科技创新工作，服务施工生产。

闽清隧道单口掘进长达 4.7 公里，通风困难严重影响施工功效，经经理部与分部多次对接，最后决定在斜井与正洞相交处安设封闭风室，成功解决了通风困难的问题，提高了工效；针对项目长大隧道多的特点，经理部多次组织现场管理人员、技术人员和施工队伍对无砟道床施工方案进行交底，优化机械设备配置，加强施工管理，曾连续取得 240 单线米 / 天的成绩。

经理部技术人员深入现场，共同优化施工工艺。采用整体式中心水沟移动模架进行隧道中心水沟施工，解决了以往线形扭曲、整体性差、通水效果差等质量通病，极大提高了隧道结构整体排水质量和施工工效，经工地使用效果良好，平均每套每月施工进度在 300 米以上；为确保现浇梁施工质量，自行研发了现浇箱梁自动喷淋养护系统，主要由梁面系、底腹板系和内箱系、自动系等部分组成，实现了现浇箱梁施工过程和脱模后的自动洒水、保湿养护功能，彻底解决了高墩现浇箱梁底腹板养护难的问题，做到了对现浇箱梁的全面养护作业；隧道轨排框架固定采用"铰连接"方式将横向连接器一端连接在轨排托梁上，另一端采用"固定连接"方式支撑在钻孔植筋的精轧螺纹筋上，一端固定一端——铰连接的方式，既能有效保证轨排框架的稳定性，也能提高连接工效，另外桥梁道床采用整体加固工装，解决了以往的线形扭曲、整体性差、错台等质量通病，极大地提高了道床施工质量，使用效果良好，平均每套每天施工进度在 200 单线米以上。另外《跨西岭钢管拱拼装少支架法＋牛腿转体技术》《连续梁钢管拱线性监控技术》《连续梁钢管拱上跨复杂立交群技术》等 3 篇科研成果；古田溪特大桥科研成果《复杂环境条件下深水倾斜裸岩大直径群桩基础快速施工技术研究》《无砟道岔施工质量控制》《长大隧道 CP Ⅲ 测设》《500 米长钢轨装卸时间控制》通过中国中铁评审，获科技进步一等奖。

党建工作服务大局

中铁二局项目部党委坚持围绕中心、服务大局的工作思路，以"创先争优"活动为载体，以"党旗红"活动为引领，全面推进项目党建工作。协调好路内、路外关系，坚持综合治理，做好项目内保、维稳工作；采取多种有效手段和形式，强化项目和谐施工和民主管理；坚持"以人为本"，扎实开展"三工建设"、群安员作用发挥、"职工之家"、落实"三不让"承诺、选树培养先进典型等活动，积极为群众做好事、办实事；按照中国中铁和集团公司《VI 手册》要求，搞好项目形象设计建设；调动广大员工特别是通讯员的积极性，不断提高项目对内对外新闻报道的数量和质量。

围绕安全、优质、高效建设合福高铁客专目标，经理部在全标段开展"创业在闽赣，建功在闽赣，争当铁路建设开路先锋"的建功立业劳动竞赛活动。按照竞赛"抓早赶前，把握节奏，有序推进"的活动原则，经理部首先通过形势任务教育，号召全体参建职（民）工以高度的主人翁精神、责任感和使命感，牢固树立"拼搏奉献在合福、锐意进取在合福、建功立业在合福、决战决胜在合福、争创一流在合福"的坚定信念，把全体员工的思想统一起来、工作热情激发出来、工作斗志凝聚起来，并坚持以竞赛助推施工生产，放弃"五一""中秋""国庆"等节假日，经理部和分部领导带领大家以"五加二，白加黑"的"苦干、实干、拼命干"精神，以"坐不住、等不及、慢不起"的奋进状态，以"宁掉肉，不掉队""合福有我，有我必胜"的无谓气魄，全力掀起大战高潮。项目部在京福公司历阶段劳动竞赛均取得好成绩。项目经理部被业主推荐、申报全国铁路总工会的火车头奖杯，2 名员工分别申报火车头奖章和福建省铁路建设先进个人。

项目部党委坚持开展标准化党支部创建活动。按照标准化党支部的条件加强党支部建设，把建设"五好"支部作为支部建设的方向和目标，扎实开展先进性教育、形势任务教育，推进"党员群帮带"先锋工程。在施工过程中，项目部党委结合工程推进情况，适时开展党建主题活动和劳动竞赛，通过党员突击队、党员科技攻关、党员创新创效、创岗建区、创先争优等载体，发挥党组织的战斗堡垒和党员的先锋模范作用，推动施工生产。在创先争优活动中，项目党委号召各分部党委、支部和党员在施工生产中争创先进党组织，争当优秀共产党员。在无砟轨道和长轨铺设施工过程中，针对无砟道岔作为现场拼装类轨道结构物，轨件多、变形因素多，物流运输及现场铺设场地要求非常高的特点，项目党委成立党员突击队，积极组织技术尖子对"五站一所"道岔施工车站进行现场测量，确定物流运输线路、道岔存放位置以及道岔施工先后顺序。在红星线路所 2 组 42 号无砟道岔的施工中，由于线下施工单位交铺时间严重滞后，长轨铺设已经临近节点工期，项目部组织党员先锋队优化专项方案，带头掀起大战热潮，成功抢回了耽误的时间，确保了铺轨的总体工期目标的实现。

在推进施工生产的同时，项目部认真履行社会责任，受到业主好评。2010 年 6 月 14 日，持续强降雨导致鹰厦、赣龙等铁路干线多处坍方，客货运输完全中断。项目部按照中铁二局的紧急部署，紧急启动抗洪抢险应急预案，组建了中铁二局抗洪抢险突击队，迅速召开动员会，并明确具体任务，保证了抢险任务的完成。

在联调联试即将到来之际，项目部于 2014 年 10 月启动"大战 60 天，确保联调联试顺利进行"劳动竞赛活动，多次组织梳理剩余工程数量，优化施工方案，制定详细的施工计划，每日短信通报，每周召开生产例会，每月召开剩余工程施工及缺陷整改推进会，确保了联调联试工期可控。

通过充分发挥基层党组织的战斗堡垒作用和广大党员的先锋模范作用，中铁二局合福按期顺利完成了项目全部的建设目标，树立了企业的良好形象，为闽赣大地经济建设的发展做出了积极贡献。

（撰稿人：廖金阳　魏　潘　姜　帆）

① ②
③

① 夫妻双双战京福

② 2013 年 3 月 21 日，
梧山隧道贯通现场

③ 岭头亭隧道进口

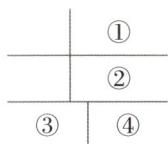

① 古田溪大桥合龙

② 跨西岭互通特大桥施工有序进行

③ 关东村特大桥贯通在即

④ 移动模架施工

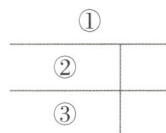

① 建设中的小箬特大桥

② 力顶蓝天

③ 梧山隧道工程

打通京福高铁大动脉

——中铁四局合福高铁安徽段站前一标建设纪实

合（肥）福（州）高铁（安徽段）工程于 2010 年 4 月开工建设，中铁四局承担合福高铁安徽段站前 1 标 59.94 公里的施工任务。管段起点位于蚌福联络线合肥北城双凤特大桥，终点位于肥东县。管段以桥梁为主，主要有金寨路特大桥、经开区特大桥、包河大道特大桥、南淝河特大桥等桥梁施工，其中，南淝河特大桥上跨 312 国道 1 ~ 180 米连续拱梁，金寨路特大桥 1 ~ 96 米系杆拱和包河大道特大桥 1 ~ 96 米系杆拱是管段的控制性工程。西客站大拨接，箱梁架设，无砟轨道施工是管段的重难点项目。此外，还承担了合福高铁部分铺轨工程，包括合肥南站线路出站口至铜陵北站线路出站口段、合肥南站至合肥北城合蚌铁路接轨点段，途经合肥西站、合肥南站、长临河站、无为站及巢湖站五站六区间，正线铺轨 353.68 公里，站线铺轨 27.9 公里，共 381.58 公里，铺设道岔 48 组。

重点工期保节点

　　合福高铁全线多为以桥代路，铺架分部承担了合福高铁南泚河特大桥第118孔跨至福州端桥尾476孔、青阳山特大桥52孔、羊子山中桥2孔和烔炀河特大桥261孔的箱梁铺架任务。架设线路总长33公里。

　　尤其是合福高铁长临河制梁场，作为铁道部快速制梁试点梁场，2011年初进场后，参建员工与时间竞速，迅速完成建点和首梁预制任务，确保梁场在2011年6月10日以高分顺利通过国家生产许可证认证评审。

　　全线重点控制工程跨南泚河连续梁，各级领导曾多次视察跨南泚河连续梁的施工进度，提出的要求只有一个：必须全力保证在2013年9月9日前完成跨南泚河连续梁的施工！

南泚河特大桥跨合宁高速公路（90+180+90）米连续梁拱顶推就位

关死了工期后门的跨南淝河连续梁横跨国家Ⅲ级航道南淝河，船只通行频繁，施工安全隐患大、工序复杂。根据施工组织的需要，项目在南淝河对岸建立了拌合站，修筑了便道。但由于肥东段的乡村道路狭小，工程施工材料难以运输，施工机械及材料需要通过租赁的汽渡船进行倒运，无形中给施工增加了难度。困难面前，项目领导班子清醒地认识到，这场战役打得好与坏，直接关系到局及公司的信誉和市场。面对繁重的施工任务、复杂的施工工序，中铁四局严格按照"一周一个突破口，一天一个大变样"的目标把工程量分解细化到每个参战队伍的班组中，并将日目标、周目标制成表格设置在工地现场。展开了以"三保一创"（保节点、保架梁、保工期、创一流佳绩）为主题的劳动竞赛，根据节点计划的要求，倒排工期计划，细化工程进度和责任区，将产值目标、形象进度和安全质量任务分解到每位员工身上，充分调动了员工的积极性和创造性，在每个重点分项工程作业点掀起了施工生产高潮。

针对管段内连续拱梁施工、规模罕见的大拨接、既有线箱梁架设、无砟轨道施工等诸多重要节点工期，中铁四局合福高铁安徽段站前一标项目部领导和相关人员，在现场会同分部领导、部门负责人、架子队长、领工员，一道研究影响进度的根源，商讨解决问题的办法，倒排出每个作业段、每道工序的工期，编制出缜密可行的施工计划、方案。关键线路、控制节点局建设指挥部动态分析，工期制约因素经常梳理，并排查原因、组织攻关、滚动推进，努力使进度与施工计划、组织趋于同步；将影响进度的主要问题入库，明确分工、限期销号；领导分片包保，检查考核节点计划完成情况，责令进度迟缓的分部提出补救措施并帮助其落实到位；动态管理机械设备、物资供应、劳力组织，指导分部将主要施工资源配置到与铺架主线有关的工点、线路；要求分部抓好技术交底、工序衔接、现场管理，减少劳务队返（窝）工，避免发生安全质量事故。

为确保连续梁按工期稳步推进，六分部先后对施工组织设计进行了三次优化，按照工期的总体安排，将跨南淝河连续梁施工分成 29 个节点，把连续梁分成东、西两个作业区，分别由项目经理徐庆华和副经理邹健上阵担任队长。这一措施，犹如为连续梁施工安上了两台大功率"发动机"，东、西两个作业区的对抗赛开展得如火如荼，确保了 2012 年 7 月 6 日完成跨南淝河连续梁 353# 水中墩、2013 年 1 月 9 日完成跨南淝河连续梁 353# 水中墩 0# 块浇筑，2013 年 9 月 9 日，实现跨南淝河连续梁合龙。

梁场分部充分发扬敢于打硬仗的精神，迅速做好员工培训、架梁机组装和全面检测及运梁道路建设等架梁前的准备工作，还制定完善了架梁各项工序操作、安全、质量管理规章制度。随后，分部严密组织，倒排工期，合理调配生产要素，反复优化架梁施工方案，领导干部带头紧盯现场，在架梁的各个环节上严格把关，确保了 2011 年 7 月 29 日中铁四局合福高铁管段首片箱梁顺利架设完毕。

2013 年 5 月 21 日至 6 月 21 日，梁场项目部成功将平均重达 180 吨的蒙城北路特大桥七个门式墩吊装到位。这七次吊装施工都在午夜进行，为此项目部专门成立了吊装、加固、防护、协调等七个施工小组。项目经理王明云作为项目总指挥，带头履行领导带班制，七个深夜都坚守在现场，协调指挥着起吊移位、双向牵引等吊装全过程，确保了吊装每次均比预定时间提前安全完成。2014 年春节前夕，为确保架梁任务的顺利完成，分部成立多个小组服务施工生产一线，及时解决现场存在的问题。2014 年 2 月 3 日，大年初四上午十一点，分部成功架设完成合福高铁南淝河特大桥最后一片箱梁。中央电视台和安徽电视台特别对运架分部放弃春节休息奋战在工地一线的全体员工进行了专题报道。

蒙城北路特大桥门式墩

一分部面对的是管段全线紧邻既有营业线施工，最近处只有 3.5 米，施工任务包括了七座跨合肥市政干道的悬臂连续梁、垃圾场换填、四里河老桥拆除重建、桃花店站改、跨六条铁路线的七座重达 180 吨的门式墩吊装等十几处高风险源的分项工程。在业主京福公司、局安全管控列表中，这些项目都被列为了红色安全危险源项目。为了不让安全成为影响施工生产的拦路虎。2010 年 5 月，在分部召开的首次安全生产专题会上，针对项目安全风险存在点多、线长、面广等特点，确立了重大风险源领导带班制、总工施工安全方案审核制、技术人员全程旁站、群众安全监督员、党员安全示范岗等制度，使得全员管安全、抓安全在项目内能够纵向到底、横向到边、立体成网。

同时，项目的十几名技术人员针对起重吊装、挂篮行走、营业线施工等关键安全管控点均采取了全程旁站。一百多名群众安全生产监督员、安全防护员做到了"哪里有施工哪里就有他们的身影"，绝不留监控的盲点和死角。普通员工也都根据本职岗位，明确自己的安全责任分工和安全职责。2013年1月项目部被业主选为合福高铁全线安全风险管理观摩工点；2013年1月、2013年6月项目部门式墩、既有线施工安全管理两次受到京福公司通报表扬。安全受控也推动了项目进度，2013年10月17日，四里河中桥拆除工程完工；11月2日，跨农药厂连续梁支架拆除完毕，至此自开工以来一分部承建的7跨连续梁、1处站改、7座门式墩、1处老桥拆除、1处垃圾场换填共17处危险源全部按期安全优质顺利完工。

为确保项目生产管理总目标的实现，局工程指挥部进场不久就组织开展了"勇当东部铁路发展先锋，争做合福客专建设明星"劳动竞赛，分部紧跟步伐，开展了各具特色的劳动竞赛，形成了上下联动共促的竞赛大格局。通过加强过程管理、及时兑现奖罚，竞赛活动开展得扎扎实实、富有成效。与此同时，各分部也开展了轰轰烈烈的劳动竞赛活动。包河制梁场施工人员针对箱梁预制三大重点工序（砼浇筑、张拉、压浆），开展了"推行标准化管理，实现五个无目标"的劳动竞赛活动。制梁场围绕业主采取的进度每天问责制，落实责任人，加大现场劳动力、机械设备、周转材料的投入，并阶段性地开展了多种形式的形势任务教育。以此激励全体员工鼓足干劲，勇争先进，在东部铁路建设中拼搏奋斗。取得了提前完成500多孔箱梁预制的任务。在箱梁架设方面，2013年11月22日，中铁四局四公司机管中心运架二分部完成了蚌福联络线蒙城北路特大桥跨合肥铁路枢纽既有线8孔箱梁的架设，从而安全优质地完成了14次Ⅱ级封锁和2次Ⅲ级封锁施工。蒙城北路特大桥门式墩钢箱梁工程荣获了 2014 年全国优秀焊接工程。

所有重要节点工期中，合福高铁"6.18"大拨接的完成是最精彩的一个。合福高铁客专 10 个口同时大拨接，安徽省合肥市西南地段 10 多公里如同一个铁路大枢纽，这在安徽省为历年之最，在全国范围内也非常罕见。中铁四局组织 5000 多人，在 10 个口同时拨接，于 2014 年 6 月 19 日，安全顺利地完成了所有拨接任务。

质量百年终身制

安全质量是企业的生命线，项目部作为建筑企业的小细胞，它的安全质量更是牵一发而动全身。合福高铁设计时速 300 公里 / 小时，专业类型多、质量标准高，CFG 桩施工、高性能耐久性混凝土应用、900 吨箱梁预制、CRTSII 型板式无砟轨道施工等高新技术应用多。一进场，局工程指挥部就把工程质量放在"100 年寿命""300 公里时速"的时空下审视，建立运行质量管理体系，完善落实质量管理制度，确立了"源头把关、过程控制、精细管理，试验先行、样板引路、首件认可"24 字质量管理方针，强化了施工过程控制，铸造了一项项超越业主期望的精品工程。

中铁四局始终以"抓细节落实到位"来确保整个工程的质量，总工程师梅俊说："干工程、搞技术，必须用数字说话。无砟轨道、高速道岔是高铁核心建造技术，精度苛刻至'零点几毫米'"。

"合福高铁安徽段站前一标每个桩打入地下多少米，谁负责施工，谁负责监督的都进行了实名记录"，中铁四局合福高铁安徽段站前一标常务副指挥长胡广森如是说。今后只要是施工过程中的哪个环节出现质量问题，可以立刻找出当时的管理人员，技术人员、施工人员以及监理人员，责任一目了然。

在标准化建设过程中，为了确保各项工程质量，精心打造精品工程。合福高铁积极推行工程建设终身记名制，他把每一个工程、每一道工序都责任到岗、分解到人，并严格执行《工序签认制度》，落实质量安全终身负责制，全面推行主要工序的交接验收确认、签认和留名制。施工中，合福高铁按照各种施工作业的特征，明确工序质量控制关键，规范填写内业表格，由相应管理及作业人员对各工序作业质量控制情况予以签字认可，并由施工班组、架子队队长、技术负责人、安质组长和质检工程师、质检员，监理单位监理工程师、监理员按规定进行现场检查确认。

工程建设终身记名制的实施，建立起了每个施工工序与环节的质量责任界定、追溯体系，一旦发现某个环节上存在质量问题，可以立即找到责任人，在落实工程质量责任的同时，也强化了作业人员的质量意识，实现了过程控制标准化，为安全、优质、高效地建好合福高铁打下了坚实基础。

各分部进场伊始，就以创建优质工程为目标，建立了一整套质量体系和制度。首先对全员进行质量教育，全面实行责任目标管理和技术人员包保责任制，推行质量一票否决制。先后制定了《项目责任成本管理办法》《工程安全质量管理办法》《工程技术管理办法》《物资管理办法》等各项管理制度，坚持用制度规范全员的行为。此外，各分部对各部门负责人、班组长实行风险抵押金制度，每个月从"质量、安全、进度、综合管理"等方面对其进行严格考评，连续两次达不到考核标准的，则自动淘汰，从而增强了他们的竞争意识和忧患意识。同时，建立完善了横向到边、纵向到底的质量管理体系和自检体系，与各施工队签订责任书，明确目标责任，检查不合格的，坚决不允许进入下道工序，做到"质量有人管，责任有人负"。连续梁施工的难点是悬臂和挂篮施工，它不仅要求精度高，稳定性强，而且受力必须均匀，弹性变形必须符合设计要求。为此，各分部特别安排每个星期二晚上进行悬臂和挂篮施工工艺等各类培训，提高技术人员的业务素质，从而大大提高了悬臂和挂篮施工速度及工程质量，确保了多项分项工程如雨后春笋般在管段内拔地而起。

在抓质量的同时，各分部还时刻绷紧安全管理不放松。把"筑牢安全防线，守住安全生产大堤"当作头等大事，建立健全了安全保障体系。针对高空作业工序较多等特点，项目部在提高全员安全意识上下功夫，平时重视安全教育，做好岗前培训工作，增强全员安全意识和防护能力；建立健全安全责任体系，签订安全责任状，真正做到各级有安全目标，层层有安全措施，人人有安全责任；提前做好重大危险源的辨识评价工作，制定了现场应急救援预案，落实抢险组织机构，储备应急救援物资设备，确保安全生产有序可控。

一分部施工的跨营业线群门式墩，在繁忙的合武上行线、合武下行线、桃东上行线、桃东下行线、合九引入线、电厂专用线等多条营业线内，必须克服上有纵横交错的接触网线、下有层层交错的各类电缆的复杂环境、便道不通、跨线运输、物资运输困难等各种难题。严格执行了"行车不施工、施工不行车"的营业线施工管理规定，对大型机械做到了"一机一人、人随机行、跟班防护"的防护制度，通过驻站联络员与现场防护员的"预告、发车、确报、复诵"的信息传达机制，形成了营业线施工的全过程、无漏洞的防护体系，克服了行车密集、安全风险大等困难，安全可控地完成了门式墩桩基、承台、墩柱施工任务。2013 年 5 月、6 月在六个二级封锁、一个三级封锁施工时间内，通过周密组织、分工明确、协调到位，克服了天窗时间短、1000t 大吨位吊车吊物重、吊距长等困难，圆满的完成了门式墩钢箱梁吊装任务。项目部的安全管理多次受到业主单位的通报表扬。

六分部员工则集思广益，想出许多金点子帮助项目抓安全工作。在项目部每个施工的桥墩前都有个长相奇特的梯台。这就是员工们智慧的结晶。过去的桥墩施工都需要搭设脚手架，施工人员上下存在严重的安全隐患，架设起来也费工费力。为此，施工现场的几个员工凑在一块琢磨了几天，想出了一个好方法，即用钢筋、钢板制作出一个小云台，在云台的边上设踏步，踏步下方设置螺栓孔，可按照桥墩高度量身进行拆卸组装，不仅比以往的脚手架更加安全，安装起来还更加省时省力，还可重复使用。在项目组织的安全生产现场观摩会上，该项小发明获得了与会人员的高度评价。

党员是我们的主心骨

中铁四局合福高铁安徽段站前一标工地上很多的员工，在目睹了党员们急难险重任务冲在前的身影后，都发自肺腑地说道，"党员就是带领咱干好这活的主心骨"。

各分部均结合实际开展了"保节点、保架梁、保工期、创一流佳绩"党建主题活动。2014 年 6 月 18 日，合肥市农科南路合福高铁"6.18 大拨接"2、3 号拨接口，一分部千余名参与拨接施工的员工从晚上 21 点 30 分奋战至 6 月 19 日 8 点 30 分，安全正点地完成了"桃花店—合肥西—合九线路所三线变两线"的 2、3 号拨接口线路拨移施工。因合福高铁是利用既有线路引入合肥南站，需将桃花店站、合肥西站至新建合九线路所既有线三线引入改为二线引入，所以需对"自桃花店站起，经合肥西站，至增设的合九线路所间线路"进行拨接、改造。此次大拨接封锁施工时间为 6 月 18 日晚上 21 点 30 分至次日 8 点 30 分，主要工作量有 10 个拨接口、2 组道岔插铺及相关长轨焊接、锁定、开通后线路养护等。拨接的难度主要体现为三点：线长面广——拨接范围为合武绕行下行线 11.8 公里、合武绕行上行线 11.4 公里、合九引入线 12.9 公里；拢口多、拨接难度大——10 个拨接口拨移线路全长 5 公里多，最大拨移量 5 米、最大起道量 458 毫米、最大落道量 200 毫米，400 多米的线路还须进行扭转；大机配合多。

10 个拨接口同时拨接在全路较为罕见，且一次性开通线路长，工程列车管理难度极大，安全风险高、养护量大、线路质量控制难。一分部承担了 2 号、3 号拨接口的拨接施工任务。其中 2 号拨接口平面拨移 506 米、总长度 686 米，3 号拨接口平面拨移 143 米、总长度 422 米。为了确保大拨接安全、正点顺利完成，一分部配足人力、物力、机械，对施工方法、施工时间控制、大机安排、资源配置计划、各拨接口具体施工安排、大封锁施工开通、工程列车开行方案及行车设备管理。大机施工期间进出作业区段的安全控制及防护措施、施工期间行车设备管理、后勤保障、应急预案等均作出了细致的安排和准备。并配合安徽区域党建指导委员会组织了"确保大拨接，建功合福线"蚌福联络线"6·18"大拨接动员大会暨党团员突击队授旗仪式等活动，充分发挥了党组织战斗堡垒作用、团组织生力军、突击队作用及党团员先锋模范作用，确保了大拨接施工圆满结束，为合福高铁顺利实现通车目标奠定了坚实的基础。

在一分部管段内的门式墩、连续梁、垃圾场特大桥、桃花店站改和四里河桥拆旧建新等全线的重难点工程施工中，一分部的党员也是身先士卒，率先垂范。其中，七座门式墩吊装让身为第一责任区生产队长、领工员的蒙志红终生难忘。七座门式墩平均重达 190 吨，需要由德马格 CC5800 型 1000 吨履带吊机和两台 350 吨吊车配合，从合武铁路、合九铁路等五条繁忙的既有铁路封闭区域外 50 米的地方，将门式墩从 27500 伏高铁接触网上方，逐一吊装安放在事先建好的台座上。德马格 CC5800 型 1000 吨履带吊机目前国内仅有五台，在中铁四局和合福高铁施工过程中都是首次使用，加之七次吊装作业均被安排在午夜进行，六次二级封锁和一次三级封锁，技术难度之高、安全压力之大可想而知。

早在 4 月份，蒙志红和他所在的团队在上级部门的大力支持下，提前编制了《蒙城北路特大桥门式墩钢梁吊装施工方案》和《蒙城北路特大桥门式墩钢梁吊装施工实施细则》，对施工中可能出现的各种情况进行认真排查、研究应对方案。同时，完成履带吊车静动载试验和钢梁试吊、安全报批、既有线接触网承力索热轧包裹等一系列准备工作。为确保门式墩施工万无一失，一分部成立了吊装、技术、施工、防护、协调等七个施工小组，蒙志红被分在了施工组。

"生产队长的职责就是将施工方案完整地传达给一线作业班组，并带领作业人员按照施工方案不打折扣的严格实施。"白天，蒙志红穿梭在项目部和工地间，贯彻落实技术方案，反馈现场的新情况、新问题，并根据现场情况研讨解决方案，晚上则全神贯注地盯在现场。"夜间施工，人的注意力容易分散，是安全事故多发的时间点。在五条既有线上大跨度的作业，可不是闹着玩的！"从 5 月 21 日第一榀门式墩吊装到位，到 6 月 22 日最后一榀完成，整整一个月的时间，蒙志红平均每天工作 17 个小时，有时候连续几天不离开工地。功夫不负有心人。经过一分部全体将士前期的细致准备和对过程的严格控制，七次吊装作业安全到位并且比预定时间均有提前，合福高铁（安徽段）第一重难点的合肥市蒙城北路特大桥门式墩群吊装作业顺利完成。蒙志红也被业主评为合福高铁的"先进工作（生产）者"等荣誉，被安徽省总工会授予"安徽省五一劳动奖章"。

六分部为了顺利完成跨南淝河连续梁的施工任务，提出了"紧急工程党员先行，繁重任务党员先上"的要求，广大党员干部冲锋在前，带领项目部员工顶风雨、冒严寒，艰苦奋战在施工一线。通过项目部全体员工夜以继日地连续奋战，在2012年四季度中完成建安产值5900万元，按时完成了跨南淝河连续梁的各个节点工期，打造了响当当的"合福速度"。

2013年合肥的夏季，酷热难熬，最高气温达40℃，但高温酷暑并没有击垮员工们的斗志。项目经理徐庆华充分发扬领导带头作用，总是天一亮就出现在现场最繁忙的地方，中午吃完饭后顾不上喘口气放下碗筷就往工地赶，晚上总是在华灯初上之时才回到驻地，不知疲倦地在工地奔波忙碌。副经理邹健嗓子喊哑了，就用手比划；脚肿了，就坐在空地上监督现场。原本白净的皮肤被太阳晒得脱了皮。项目总工程师刘杨，白天在工地进行技术指导，晚上还要对当天的施工技术情况进行反复检验核对，眼睛常常布满血丝，堂堂7尺男儿，不到一个月时间就瘦了5斤。在他们的带动下，工程部、试验室等部门的技术人员也纷纷住到了工地，确保了南淝河连续梁在2013年9月9日按期合龙。

农民工是现场施工的骨干力量，2010年12月合福高铁长临河梁场正式开工后，梁场党工委就"农民工党建工作如何开展"积极探索工作思路，针对以往由于农民工流动性强、农民工党员身份确认困难、政治待遇没有得到保障等具体问题，2011年8月3日上午10点，经过精心的筹备，成立了农民工临时党支部。农民工临时党支部到底应该做什么、怎么做？这个"小家"的家长丁培海倍感压力。他立即组织农民工临时党支部参与了梁场新技术研究与应用、钢筋加工与绑扎、箱梁灌注三个党员先锋工程，明确了4个农民工党员先锋岗。"小家"的几名成员还对半年的工作进行了公开承诺，并接受所有农民工的监督。

身份亮明了，干活有劲了，梁场钢筋二班班长、农民工临时党支部支部委员周志祥在施工中他严格按图纸要求，指挥现场人员根据实际需要下料、配料，做到大料大用、小料小用、边角料合理利用。他带领的钢筋二班，加工钢筋尺寸的精确度、胎具的绑扎间距在业主及监理多次检查中都获得好评，钢筋的损耗量都在最低的范围内。周志祥本人也被评选为"党员示范岗"。

农民工党员的行为也带动了众多的农民工兄弟跟着他们比着学、比着干。先后有十多名农民工提出了对梁场生产、安全、质量、管理等方面的建议二十余条，促进了梁场各项工作的有序推进。中国思想政治工作研究会、中宣部思想政治工作研究所调研一部副主任王明业，安徽省思想政治工作研究会副秘书长郭高启一行五人来到中铁四局一公司合福高铁长临河制梁场调研中铁四局农民工思想政治工作的基本情况，对于梁场农民工临时党支部开展的各项工作给予了高度评价，并刊发了中宣部内参《帮助农民工实现五个梦》。

项目管理标准化

中铁四局合福高铁在工程管理中，全面推行管理制度标准化、人员配备标准化、现场管理标准化、过程控制标准化"四个标准化",并以标准化为主抓手,大力推进合福高铁项目建设标准化管理进程,使工程建设有序可控。

开工伊始,中铁四局就以管理制度标准化为基础,全面推进架子队全员教育培训工作,提升标准化工地建设能力。中铁四局合福高铁依据铁道部《铁路建设项目现场管理规范》等文件,紧密结合项目特点,制定完善了《架子队管理文件及台账汇编》《质量保证体系文件汇编》《安全保证体系文件汇编》《党群工作文件汇编》等几大本厚厚的管理制度,结合项目实际,把局及业主的管理要求细化,制定完善了各专业工程标准化作业实施方案等 9 类系列管理制度汇编,内容涵盖安全、质量、工期、成本管理、环境保护、技术创新等 6 大方面,共 50 项管理制度、34 项操作规程,规范了制度的管理过程,并在土建施工、铺架等各分部成功运用,为推行标准化建设奠定了基础。

与此同时,中铁四局合福高铁加大现场管理标准化的力度,准确定位标准化工地建设标准,做到施工现场生产区、办公区、生活区布局合理;按照架子队机构设置要求,配备了专职队长、技术负责人,充分发挥架子队的现场监控作用。为提高作业人员安全防范能力,中铁四局合福高铁组织全体人员进行安全培训,针对吊装、深基坑开挖、施工用电等人员进行重点授课,增强了作业人员的安全意识,强化了安全操作技能。

经过辛勤付出,中铁四局合福高铁管段在标准化建设方面取得了良好的成绩,在业主铁路标准化建设优胜单位评比中荣获"标准化工地优胜杯";各分部还荣获了"优秀项目分部""标准化搅拌站""标准化工地""标准化架子队"等系列荣誉。

工艺工法多创新

中铁四局合福高铁有 180 米连续拱梁、两个 96 米系杆拱、五湖大道项目湿接缝施工、蚌福联络线变速道岔等新工艺工法。尤其是连续拱梁，主跨一跨 180 米，跨越合宁高速公路，是合福线安徽段重点控制工程，在国内同类型结构中，其结构跨度及拱肋的矢高，均创国内之最。

连续拱梁与合宁高速公路交角为 30°，主梁为预应力混凝土结构，采用单箱双室变高度箱形截面，拱部拱肋计算跨径 180 米，矢高 36 米，为钢管混凝土结构。其工程的主要特点是工程规模宏大，结构设计新颖，技术创新点多。

拱顶距地面约 60 米，拱及贝雷梁等配重共计千吨。工程主要难点：一是全桥跨度大，分节段悬浇施工，线性高程难以控制；二是大型设备投入多，高空大型起吊拼装作业量大，大跨度钢管拱肋拼装及合龙过程中应力及线性控制难度大，是中国第一乃至亚洲罕见的跨高速公路大桥，是中铁四局重点科研攻关项目。

为确保合福高铁南淝河特大桥连续拱梁安全优质顶推施工，中铁四局四公司合福高铁三分部不断优化施工方案。一是重心下移。拱顶到梁面为 36 米，在梁面上行走重心不稳，为了确保安全顶推，三分部用两段长 180 米的贝雷梁分别连接固定拱脚，并用缆绳将贝雷梁和拱顶分段连接，确保拱重心下移至贝雷梁上。二是采用钢绞线控制拱矢变量。在拱的临时支座两边分别采用两段 180 米长，各 10 根钢绞线，让钢绞线产生应力，使拱部矢变量在控制的范围。三是设置临时支座保持拱在梁面行走的稳定。由于拱要在梁面上行走 280 米，且拱据地面最高处约 60 米，所以行走的过程非常难以控制，设置临时拱座可以控制拱在位移时不会变形。

由于上跨合宁高速公路，合宁高速日均行车 4 万辆，高速公路在施工的过程中不封闭，造成拱在桥面行走过程中安全风险非常高。为确保施工生产的安全有序，三分部科学安排顶推进度和过程，先后两次召开顶推专家论证会，邀请业主、监理、中南大学等第三方检测单位现场论证顶推方案的可行性，并制作三维动画，模拟顶推过程。该桥主跨采用"先梁后拱"的施工方法。梁部施工利用挂篮悬臂浇筑，先合龙边跨，拆除临时支墩，再合龙中孔。拱部施工采用异桥位支架拼装钢管拱，在南淝河特大桥 109 ～ 116# 墩范围内桥面两侧对称设置 14 组支架，利用两台 100t 吊车在梁面上吊装拱肋，在梁面设置滑移轨道，利用千斤顶顶推就位；然后固结拱脚，浇筑拱座混凝土；最后进行拱肋压浆及吊杆张拉。

在顶推过程中，项目经理、总工、现场队长和技术负责人等人员 24 小时待命，不间断现场蹲点，全过程旁站监控，保证了顶推施工各项工作的稳步推进。同时，狠抓上跨高速公路的现场顶推施工管理，确保连续拱梁安全优质高效顶推到位。

依靠科技打造绿色工程

铁路制梁场像一座大型的现代化工厂，它生产的箱梁组成了高铁的坚实脊梁，但是在生产过程也会产生粉尘和污水。2010 年 5 月，合福高铁一座大型制梁场决定在巢湖边上的长临河镇落户后，当地的村民们很纠结。因为，以往施工工地给他们的印象就是尘灰漫天、污水横流。可是 2010 年 12 月，当这座按照绿色环保新理念建设的新型铁路制梁场建成投产后，让他们最终放下了心。

合福高铁长临河制梁场（中铁四局一公司）在建点之初就牢固树立了"不让一滴污水流入巢湖"的理念，建立了科学的平流式沉淀池，利用固体污染物比重大，会自行沉淀的原理，把污水"喝"到沉淀池内，在经过进水槽、溢流堰、穿孔整流墙、污泥斗、挡流板、堰流板等多次沉淀"消化"后，完成污物沉淀分离，排出清水到集水槽。梁场试验室对集水槽内水的质量指标进行再次检测，符合混凝土养护用水指标的，则由水泵抽至中心沉淀塔进行最后的沉淀处理，用于混凝土养护及场地清洗，实现工业污水的循环使用。通过以上方法，梁场实现了污水零排放的目标。自从 2010 年 12 月 1 日生产第一片梁到现在，排水口流出的都是清粼粼的水。

当今世界能源紧缺，绿色能源方兴未艾。太阳能具有永不枯竭、清洁卫生的特点，是我国重点发展的环保能源。合福高铁长临河制梁场也紧跟这股风潮，在梁场粗、细混凝土骨料仓屋顶放置了太阳能加热设备。这套设备总面积约 600 平方米，相当于 1.5 个篮球场，由 90 余块长 3.2 米、宽 1.9 米的太阳能板，共 1200 根太阳能管组成。通过这些太阳能管来吸收热量，使砂石等粗、细混凝土骨料温度控制在最佳范围内。另外，梁场还用太阳能加热生产用水，传导至梁场锅炉房，缩短二次加热时间，快速为箱梁蒸养的升温、恒温提供蒸汽；混凝土拌合用水的温度不能低于 5℃，加热后的水可传导至梁场拌合站作为拌合用水。太阳能的运用不仅大大提高了梁场生产效率，还减少了锅炉的使用频率和煤的使用量，降低了煤燃烧对环境造成的污染。梁场在巢湖畔打造了一座绿色环保梁场，多次获得中国铁路总公司的高度评价，并荣获"国家环保示范工程奖"。

五年的艰辛历程，在古城庐州这片热土上，中铁四局挥洒着自己的智慧和汗水，创下了一项又一项佳绩。如今一列列高铁动车组在合福高铁线上飞驰而过，弹奏出了一曲豪迈雄壮、激昂奋进的建设者之歌。

由于出色的成绩，中铁四局先后获京福客专安徽公司 2013 年上半年度、下半年度信用评价评比第 1 名。2014 年 6 月 18 日，中铁四局合福高铁站前一标三分部喜获全国"安康杯"劳动竞赛"优胜班组"荣誉称号；中铁四局合福高铁施工的包河大道特大桥和金寨路特大桥 1～96 米系杆拱均荣获"全国优秀焊接工程奖"；蚌福联络线门式墩、南淝河特大桥跨合宁高速公路连续梁拱工地，被京福客专安徽公司誉为"一图四表"质量安全风险标准化现场，还组织了合福高铁安徽段其他标段到中铁四局标段进行观摩；六分部被安徽省环境保护产业协会评为"安徽省环境保护示范工地"；中铁四局合福工程指挥部在施工中 3 次获得京福客专安徽公司"优胜连续梁工点"称号、2 次获得京福客专安徽公司"优胜拌合站"称号、2 次获得京福客专安徽公司"优胜自控性架子队"称号、2 次获得京福客专安徽公司"优胜既有线施工工点"称号、1 次获得京福客专安徽公司"优胜桥梁附属工程工点"称号、1 次获得京福客专安徽公司"优胜站前、站后配合施工工点"称号、1 次获得京福客专安徽公司"优胜试验室工点"称号。

桃花店站改造工程实现合福高铁涉及合肥枢纽既有线站场改造工程首战告捷，获京福客专安徽公司奖励 20 万元；安全、优质完成蒙城北路特大桥跨铁路营业线群 46～52# 门式墩施工阶段性任务，获京福客专安徽公司奖励 20 万元；安全、优质完成南淝河特大桥跨南淝河（60+100+60）米连续梁合龙，获京福客专安徽公司奖励 20 万元；完成金寨路特大桥箱梁预制，获京福客专安徽公司奖励 20 万元；安全、优质完成南淝河特大桥跨合宁高速公路（90+180+90）米连续梁拱合龙，获京福客专安徽公司奖励 20 万元；完成金寨路特大桥箱梁架设，获京福客专安徽公司奖励 20 万元；蒙城北路

金寨路特大桥跨金寨路 1 ~ 96 米系杆拱桥顺利合龙

特大桥跨铁路营业线群 46 ~ 53#门式墩箱梁架设施工，获京福客专安徽公司通报表彰、20 万元奖励；营业线施工安全管理，获京福客专安徽公司全线通报表彰、50 万元奖励；CRTSII 板水泥乳化沥青砂浆工艺性优化试验，获京福客专安徽公司 B 级通报表扬、20 万元奖励；

中铁四局合福客专工程指挥部 13 个集体、55 名个人获安徽省劳动竞赛委员会、安徽省总工会表彰，长临河制梁场等 3 个分部（场）被授予安徽省"工人先锋号"称号，下塘制板场等 10 个分部（场）、部门被授予安徽省"争当合蚌合福合肥南环铁路建设先锋"劳动竞赛先进集体称号，樊义付等 5 人被授予安徽省"五一劳动奖章获得者"称号，张剑青等 50 人被授予安徽省"争当合蚌合福合肥南环铁路建设先锋"劳动竞赛先进个人称号。

（撰稿人：许乃见　张红雷　文良诚）

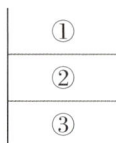

① 合福高铁安徽段站前一标
"大干 120 天"动员会

② 《"导师带徒"协议》签订
仪式

③ 长临河制梁场混凝土一班
农民工安全质量宣誓

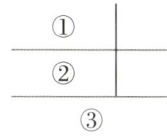

① 2014 年 6 月 25 日，正式铺设长轨

② 按照标准化文明工地要求建设的拌合站

③ 蒙城北路特大桥跨北二环连续梁施工

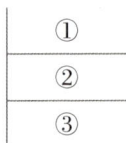

① 合福高铁试通车
② 蒙城北路特大桥跨营业线群门式墩钢箱梁工程被评为全国优秀焊接工程
③ 跨南淝河特大桥墩群

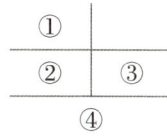

① 金寨路特大桥匡河段

② 金寨路特大桥进行架梁作业

③ 施工中的南淝河特大桥跨南淝河（60+
100+60）米连续梁

④ 正在施工的合福高铁跨金寨路 1 ～ 96
米系杆拱特大桥工程

铸造精品工程　展国家队风采

——中铁六局合福高铁安徽段站前六标建设纪实

　　2015 年 6 月 28 日 7 点 37 分，时速 300 公里的 G5602 次列车从福建福州始发，标志着合福高铁（合肥－福州）正式开通运营。动车飞驰穿梭在蓝天碧水、油菜花海之间，让人心旷神怡，犹如置身梦境，合福高铁以其安全稳定、施工质量优良，充分展现了中铁六局人的国家队风采。

　　至此，福建省全境迈入"高铁时代"。北京至福州高铁的贯通进一步推动了京津冀一体化和长三角经济区的扩容。南昌、福州、合肥、贵阳等省会城市形成"5 小时交通圈"，"省际同城生活"大幕正式拉开。承担合福高铁建设的中国中铁六局，科学组织，精心施工，历经五年多的艰苦鏖战，安全、优质、高效地建成了这项精品工程。

　　中铁六局承建合福高铁安徽段站前六标，线路位于宣城市辖区，沿途通过泾县、旌德县和绩溪县。标段起点（DK212+145）位于泾县榔桥镇，泾县境内线路长度约 14 公里，线路穿过笔架山隧道后进入旌德县境，沿途通过蔡家桥镇、板书镇、旌阳镇，线路多桥隧相连，在 DK237+900 处设旌德车站，旌德境内线路长度约 14.5 公里，在梅王尖隧道出口附近进入绩溪县板头桥镇，绩溪境内线路长度约 4.5 公里。合福高铁安徽段站前六标起止里程为 DK212+145 ～ DK249+236，正线总长 37.091 公里。主要施工内容包含大临工程、拆迁改建工程、隧道工程、路基工程、桥涵工程（包括制架梁、桥面系）、站场（不包含站房）及无砟轨道工程（CRTS Ⅰ型双块式）。

合福高铁正式运营

标段内，隧道数量多、长度长，是控制工期的重中之重，本标段共有 11 座隧道，长度为 16.471 公里，占到管段长度的 43.3%。尤其是笔架山隧道全长 5948 米，隧道位于两条曲线上，并且穿越三段富水区，风险高、压力大。桥墩高，连续梁数量多，施工难度大，本标段共有 22 座桥梁，长度为 14.075 公里，占到标段长度的 37.9%，尤其是桥墩普遍较高，有 6 座桥梁有连续梁施工，有 5 座桥梁的桥台伸入洞内，施工干扰大，施工难度大。路基施工段落多，长度短，质量控制难度大，本标段的 25 段路基散落在桥隧之间，除旌德车站外最大长度 507 米，其余大都在 200 米以下，路基填筑时质量控制难度大，尤其是堆载预压困难。施工标准要求高，合福线工程采用了高标准的基础沉降控制设计和严格的路基填筑、桥梁沉落变形和梁体徐变控制标准，施工过程中对路基、桥梁、隧道等基础工程的要求较高。环保要求高，本标段线路经过国家级扬子鳄自然保护区及多处森林公园，临时工程、路基、桥梁、隧道等工程的施工对环境的影响较大，环境保护和水土保持的技术措施要求比较高。

推行标准化管理铸精品

中铁六局选派精兵强将本着精干、高效、高素质的原则组建项目经理部，设5部1室进行施工管理，即工程管理部、安质环保部、物资设备部、计划财务部、综合管理部、中心试验室。项目部设项目经理一名，常务副经理一名，书记、总工、副经理各一名，各部门人员具体配置为工程部4人，安质环保部2人，物资设备部2人，计划财务部2人，综合管理部5人（含司机），中心试验室8人，共28人。组成7个分部。项目经理部下设2个综合施工分部，3个隧道施工分部，2个专业施工分部，共计7个分部，分别是呼和公司一分部、桥隧公司2分部、桥隧公司三分部、北京公司四分部、石家庄公司五分部、丰桥公司制梁分部、铺架公司铺架分部。

项目进场之初，就编制了《项目标准化管理手册》，建立起全过程、全方位、全覆盖的施工现场管理、技术管理、质量管理、安全管理、物资设备管理、工程经济管理、财务管理等方面的基本制度，明确了项目部领导、各管理部门负责人和各分部责任人的责任目标，并逐级分解落实。将项目管理层的领导责任制和作业层人员的工序实名制结合起来，增强了各级人员的目标责任意识。

　　项目部不断优化施工组织，统一各专业作业标准。作业队严格执行标准，倒排工期，锁定各个工期节点，优化资源配置，实现施工组织的"精确制导"目标。为保证施工质量和施工工艺标准，局项目部集中组织举办了多期培训班，加强对高铁施工技术、科技创新、物资设备等课程的学习培训。为强化现场指挥，局项目部在全线建立了调度指挥系统，及时召开工程调度视频会，加强现场指挥和管理。各分部每天召开碰头会，当场解决施工中的难题。

　　项目部从物资设备采购入手，积极组织集团业务和工程经验较丰富的技术员编写了高标准的物资采购设备技术规格书，进行严格会审，并提交业主和设计审批。施工过程按照"谁施工，谁负责"的原则，采用全过程工序"实名制"管理模式，将物资材料、设备进场出库纳入实名制范畴。自有设备由三级公司设备中心统一调剂，外租设备在合格供应方名册中择优选择租赁商，协作队伍自有设备由各分部和协作队伍进行协商，纳入项目设备日常使用管理范围内。机械设备租赁价格执行中国中铁和中铁六局公布的租赁指导价。除了实名制记录本记录外，还增加了现场张贴和悬挂等实名制卡片，并将施工重点工序梳理列表，在施工中全过程监控。每道工序完成后，作业人员都要进行实名制签认，不仅增强了员工的责任意识，还使施工质量追溯有了详细的原始资料。

　　项目部根据工序流程，制定了相应的工艺标准，在全线每个专业首个工序，及时组织各分部、作业队、班组进行层层示范贯标，促使作业人员在施工过程中人人清楚工艺标准、掌握工艺标准，每一个新的施工项目，首先要进行技术交底，然后是作业人员现场示范，经过技术人员的点评，最后形成统一的工艺标准，再推广实施，很好地发挥了示范样板作用。

为认真落实中国中铁、中铁六局精细化管理的要求，中铁六局合福项目部结合实际情况，制定了多项精细化管理制度，细化管理标准，出台了物资材料管理、机械车辆使用管理、外协队伍招标、安全质量奖惩办法、会议制度、交接班制度、成本管理办法、农民工工资发放办法、综合治理等管理制度及办法。通过行之有效的成本控制，使精细化管理更加完善，实现向管理要成本，以精细求发展的目标。在成本管理上分为前期准备、过程管理、竣工结算、经营效果评价考核。以过程管理为中心，通过工费管理、物资管理、机械设备管理、资金管理、责任费用控制、风险管理等要素进行项目成本管理。项目分部负责施工过程中的工费结算，建立劳务分包单价统计台账并进行动态调整，编制责任预算，建立责任成本体系并制定成本过程管控方案和措施。

推行安全质量督导，"大干"不是"蛮干盲干"，而是"实干巧干"。项目部健全组织机构，成立了以项目经理为组长的安全领导小组。现场安全管理工作实行安全总监、专职安全员和群众安全生产监督员三结合的组织结构，建立健全了指挥部月联检、各分部日自检和不定期抽检的安全质量管理机制，全面推行质量安全"红线"管理。为保证现场安全生产，项目部层层分解安全管理目标，层层签订安全包保责任书，构建纵向到底横向到边的安全管理网络；为进一步增强全员"安全压倒一切"的思想意识，确保隧道、高墩、跨公里连续梁等高风险施工的绝对安全，进一步明确了督导工作的要求、方法、程序，规定了检查的内容、标准。及时进驻各自管段，强化现场管理、行为规范、工序检查、过程控制以及文明施工，对各项目分部及所属施工作业队实施监督检查指导，提高项目部对施工全过程的监控能力，充分发挥安全质量保证体系和安全监督体系的作用。制定并印发《安全生产文明施工奖罚条例》，明确安全奖罚机制；责任到人，做到"安全防护不能少、安全意识不能松，安全标准不能降"，有效地预防了安全质量事故的发生。

推进技术创新促精品

为确保进度，项目部专门成立了科技攻关小组，坚持 24 小时跟班作业，每天对检测数据进行分析和研究，对不良地质地段严格遵守"管超前、严注浆、短开挖、强支护、快封闭、勤量测"的原则，对超浅埋段采用反压回填暗挖；对富水带采取地表降水、地表注浆、超前预注浆等方法，有效解决了浅埋段、富水带涌水等难题。

项目部在施工过程中以施工工艺和流程的标准化为基础，以"新工艺、

合福高铁架梁作业

新设备、新材料"的运用作为"创新、创优"的目标，在学习行业和临近标段先进技术的同时，加强各种工法和各种专利的学习研发，在架梁过程中，通过对设备的科技革新，如架桥机辅助下导梁后支腿锚固装置及锚固，改进马鞍梁与架梁小车的连接装置实现架桥机不调头双向架梁、改进导梁调头装置实现导梁在桥面安全快速旋转调头、使用变跨小车吊装支架装置实现变跨小车快速转向并可不拆除该装置的情况下通过隧道等，这些技术革新大大增强了施工安全性、提高了工作效率、增加了项目效益。

项目部针对隧道口零距离架梁，创新《隧道口零距离运架一体机（WE-SC900H型）架设铁路箱梁成套施工技术》并对现场施工提出了相关要求，攻克了隧道口零距离架梁的难关，安全顺利地完成了合肥至福州铁路安徽段HFZQ-6标段内12次隧道口零距离架梁，确保了架梁施工的平稳推进。通

一体机落梁

过科技创新，革新工艺，确保了合福客专工程的顺利建设，创造了一流质量，多次受到业主、铁道部质监总站、监理单位的好评。

抓好党建思想政治工作保精品

中铁六局合福项目部注重抓好项目特色党建工作，在全线大力加强以工地文化、工地生活、工地卫生为主要内容的"三工"建设，为员工配备了图书室、洗澡间、探亲房等设施，为探亲家属提供热情周到的服务，时刻把员工及家属的冷暖挂在心间。为员工提供温馨的生活环境、和谐的工地生活，充分调动了广大员工的工作热情。

大力开展"京福客专党旗红，攻坚克难立新功"党建主题活动，要求党员以"讲正气、聚合力、树形象"活动为契机，充分发挥先锋模范作用，带领全体参建员工攻坚克难。本着"锻炼和培育一支思想先进、作风优良、技术过硬、作用突出、战斗力强的员工队伍"的原则，实现了项目工程质量争先、安全生产争先、质量信用评价争先、管理水平争先、党建工作争先的目标。为了完成既定的建设目标，他们没有掷地有声的豪言壮语，却扎根于自己的工作岗位默默奉献；干部职工不间断施工，春节期间放弃与家人团聚的机会，坚守施工岗位，全线上千名参建员工用行动谱写出一曲无怨无悔的奉献之歌。

自 2010 年 4 月份开工以来，中铁六局项目部在合福客专充分发挥了党组织的战斗堡垒作用和党员先锋模范作用，不断增强党建工作的活力和实效，在安全质量、工程进度、文明施工等方面取得了实效和好成绩，涌现出了大批先进个人和先进集体。原桥隧公司职工秦建军、石家庄公司邓科敏获得铁道部火车头奖章；呼和铁建一分部党工委书记黄厚军荣获京福客专安徽公司优秀"双优"工作者，并作为合福高铁参建代表接受了媒体的专访；桥隧分公司合福项目三分部党支部书记任孟强，获京福公司 2012 年度"优秀共产党员"荣誉称号；铺架分公司项目经理高振华，连续两年被评为"京福铁路安徽公司先进生产者称号"；桥隧分公司合福项目二分部党支部，获2012 年度"先进基层党组织"荣誉称号；丰桥公司合福项目部，连续两年荣获"京福客专建设红旗分部"称号。

落地项目文化润精品

项目是展示企业文化最直接和最有代表性的窗口。中铁六局合福项目部积极落实企业 VI 系统，用直观的视角识别系统展示了企业风貌。

建设"企业文化建设长廊"和花园式驻地、争创"标准化文明工地"。项目部始终按照"勇于跨越、追求卓越""人品至上、诚信为本""人为本、和为贵、效为先、正为要"等企业核心价值理念，构建具有合福特色的企业文化体系。

在分部驻地、工地点制作了七牌一图、五牌一图，建设了文化走廊，图文并茂地进行企业精神、企业作风、企业理念和员工行为理念等方面教育，将精神文化、制度文化、行为文化、物质文化、廉洁文化、和谐文化融入项目建设。精心策划"四区"建设，树立"干就有激情、做就达标准、建就成精品"的项目团队精神。

同时，面向基层和施工一线举办"企业文化周"活动，诠释和解读企业理念的丰富内涵，挖掘和宣传了具有鲜明文化特征的典型人物和事件，使文化理念更加形象和具体，促进了员工对其的理解、认同和践行。以紧跟"项目团队建设步伐为载体，打造特色项目文化"以安全质量活动为载体，打造特色安全质量文化""以建家建线为载体，打造特色以人为本的'家'文化"。每项活动都融入到企业文化建设中，使员工在潜移默化中受到企业文化的熏陶，在潜移默化中增强了对企业的认同感和归属感，凝聚了员工的"精、气、神"。通过加强企业文化建设，增强了项目的向心力、凝聚力和创造力。

同时，精心实施主题宣传，着力抓住合福高铁项目管理中的先进典型经验及重点报道，多系列、多角度、多层次开展策划和报道，把握正确的舆论导向，宣传报道取得了新突破、新亮点、新实效。

推进环保施工为精品

一趟趟靓丽的高铁动车宛如一条条白色的长龙，在云雾缭绕的青山绿水间飞进。合福高铁建设五年来，中铁六局 37 公里的施工区域树木一直郁郁葱葱。在合福高铁笔架山隧道出口至若红岭隧道段周围，新覆土层平整干净，土坡上形成了错落有致的"梯田"，绿树青草环绕其中。建设者们在施工的五年内极力保护周围环境，把生态环保贯穿于高铁建设的全过程，全力打造一条生态文明的高铁之路。

施工前，建设单位邀请环保部门对项目管理、技术人员进行了专项培训，加深了对环水保施工的认识。施工中，做好道路硬化、干燥土面喷水防尘；对弃土（碴）场做好防护，做到废渣一滴也不流入农田和河流；各种废弃物集中运输至当地废物管理部门处理；在施工营地设置移动式环保厕所，禁止生活污水排入水源保护区范围内，定期对水源保护区及水厂饮用水源保护区水质进行监测。在隧道掘进施工中，建设者们选择光面爆破、预裂爆破等最新控爆新工艺，减少对山体土层的扰动，尽量保持地质原态。隧道两端的洞口处设置沉淀池，隧道施工的高浊度污水经沉淀处理后，渗出水再排入水体。在大桥施工中，建设者们在每一个钻孔桩钢护桶内安装泥浆泵，将泥浆提升至大桥两端陆地临时场地进行沉淀处理，保证泥浆出渣一滴也不排入沟渠。严禁在河道倾倒弃渣，保证行洪段面，建挡土墙后弃渣，成为施工过程中无人触碰的铁律。

梁场建设是项目建设的第一步，如果按照设计组织梁场，需要通过乡道、跨越河流、穿过生态林、占用农田。针对当地人均耕地面积少、生态环境脆弱的实际情况，中铁六局积极主动地把"保护耕地、节约用地"作为大临用地标准化工作宗旨来抓，按照减少临时工程设施对耕地占用的原则，制定方案，组织人马，多次进行现场勘测和反复调查、论证，最终旌德梁场选

合福高铁旌德火车站

址在新建旌德高铁车站广场，泾县梁场选址在紧邻 205 省道的一片灌木山林中。仅此一项就减少新建便道两公里，减少桥梁一座，减少占用稻田和生态林 240 亩。

保护环境没有借口。中铁六局筹措资金购买洒水车用于降尘，对机械设备使用减振机座降低噪声。同沿线建立多处大容量沉淀池，对施工产生的废污水进行过滤和"三级"沉降，实现达标排放。2016 年，合福高铁通车后的半年内，中铁六局承建的东山、葫芦岭、柳山、梅村隧道、王家冲、梅王尖进口、梅王尖出口、尚田进口、金竹岭出口等九处弃渣处全部处理完毕，实现了合福高铁沿线复绿的目标。

如今，800 公里的合福高铁犹如一幅长轴的静态水墨画，合福高铁动车穿梭飞越，给这幅水墨画增加了动态的色彩，沿线经济从此走上了绿色可持续发展的小康快车道。

（撰稿人：王　贤　张湘涛）

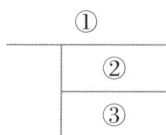

① 中国铁路总公司副总
经理卢春房来到合福
高铁检查

② 白桦特大桥架设首孔
箱梁

③ 运梁途中

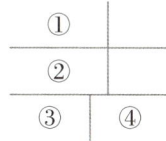

① 大溪河特大桥架梁施工

② 运架一体机提梁过若红岭隧道

③ 正式运营后的合福高铁

虹飞铜都　建功合福

—— 中铁大桥局合福高铁铜陵长江大桥建设纪实

　　2015 年 6 月 28 日合福高铁通车运营，中铁大桥局建造的现代化桥梁，又一次成功跨过了长江天堑！

　　桥上是现代化的文明与繁华，是中华民族震惊世界的智慧；桥下是默默奔涌的江水，为自己儿孙创造的又一个奇迹而漾起的醉人笑窝。在奔涌的江流上傲然耸立的大桥，像是江南少女的梳篦，带起条条水纹，为长江母亲轻轻地梳理着秀丽的长发；像是挺立的龙脊，在江流、大地与群山之间辗转奔腾，直面苍穹，彰显着中华民族勇于创新的精神和不屈不挠的斗志。她是一条纽带，跨越长江、连通南北，浸染着徽风皖韵，沟通着历史与未来。完成这一恢弘跨越的，正是有着"新中国建桥国家队"之称的中铁大桥局集团！

　　作为合福高铁的关键控制性工程，铜陵长江公铁大桥见证了这一恢弘建设过程。中铁大桥局全体建设者披荆斩棘，冒严寒、战酷暑，弘扬大桥人"跨越天堑，超越自我"的企业精神，历经五载，攻险阻、克难关，集中铁大桥局的人才、技术、装备、管理和文化五大优势，为合福高铁奉献了一座精品桥梁，再一次展示了中国一流的建桥水平。

创新的精神在这里延续

这是一片凝结着创新之魂的土地。800 里皖江，经历了数千年的沉淀，孕育了皖江文化，自先秦以降，从未中断，源远而流长，涌现出的大量文化世家，绵延数代，名人辈出。这里自古就是革故鼎新之地。多少开拓者从这里启程，在各自领域推陈出新：唐代诗人张籍推动了新乐府运动；北宋梅尧臣是诗文革新运动的中坚之一；宗白华和朱光潜都是我国现代美学研究的先行者和开拓者；在陈独秀发动的新文化运动中，《新青年》早期作者群几乎全部来自皖江地区。

皖江之畔的铜陵，也是一个颇有故事的城市，因铜得名、以铜而兴，素有"中国古铜都，当代铜基地"的美称。上天在这座城市埋藏了巨额的宝藏，很难想象，第一个来到这里，并发现这里埋藏的铜矿的人，怀着怎样的一种讶异与狂喜！始于商周，盛于汉唐采冶铜的历史，延绵 3500 余年，仿佛取之不尽，用之不竭。"炉火照天地，红星乱紫烟；赧郎明月夜，歌曲动寒川。"这是唐代大诗人李白对这里冶铜盛况的生动描绘。这里的人民也从未辜负过上天的丰厚赠予，流淌在皖江文化中的创新基因，在这里茁壮成长、枝繁叶茂。新中国第一炉铜水、第一块铜锭出自铜陵，第一个铜工业基地建于铜陵，第一支铜业股票发自铜陵。

2010 年，曾经修建了"万里长江第一桥"的新中国建桥国家队——中铁大桥局，带着修建合福高铁铜陵长江公铁两用大桥的重任踏上了这片土地，肩负着历史的使命与荣耀，时刻准备用自己的双手，铸就新的丰碑。

中铁大桥局承建的铜陵长江大桥

"建设世界一流的桥梁，向世界展示中国的建桥水平！"在建设武汉天兴洲长江大桥时，胡锦涛同志对中铁大桥局的殷殷嘱托依然回响在耳畔。当时，用主跨 504 米的世界纪录，向胡锦涛同志呈上了一份满意的答卷。在这之后，中铁大桥局先后建成了主跨 567 米的黄冈长江大桥，主跨 588 米的安庆长江大桥，到了铜陵，这个数字成长为惊人的 630 米！不能小看这 100 多米的台阶，这不是简单的数字增减，是一步一个脚印辛勤耕耘的结晶，是一道道工序、一样样材料、一项项技术的持续改进叠加，是几辈建桥人不断超越自我、攻坚克难的总和。

整片吊装的全焊接钢桁梁。如果你在钢梁架设期间来到工地，你会看到，一片片长达 30 米的庞然大物在岸边就已经焊接成型，通过驳船运输到水上，通过专门研制的、国内最大的 400 吨桅杆起重机整体吊装到指定位置，蓝色与白色相间的钢桁梁，与滚滚江水、蓝天白云交相辉映，一节一节地向江中心延伸，直至在江心顺利合龙。钢梁架设是一项难度大、周期长的工作。从国内外的钢桥制造技术发展看，大节段、全焊接是发展趋势。尽量实现工厂化整体制造，减少现场拼装量一直是中铁大桥局努力的方向。合福高铁铜陵长江大桥在研究了国内既有的制造工艺和架设技术后，首次采用全焊桁片式钢桁梁的设计方案。其优点在于，可减少工地的拼接和焊接工作量，节省了拼接板和高强度螺栓的数量，同时提高了工作效率和质量。单个桁片的吊重适中，降低了对运输、吊装设备的要求。全焊节点构造平整，钢梁外观效果美观。这让人很容易想起当年武汉长江大桥建设时钢梁架设的场景，那时钢材是由苏联人提供的，钢梁还得靠铆钉来连接，工人们要手持铆钉枪，将铆钉烧得通红，再打入钢梁孔中，全桥单铆钉就用了100多万颗！

轻便实用的正交异性钢箱桥面。随着跨度的增加，主桁杆件需要的截面尺寸和板厚越来越大，相应地增加了杆件制造安装难度，同时杆件尺寸过大也会增加杆件的次应力。大桥在弦杆受力较大的区段以及边墩和辅助墩区域，首次在铁路桥上采用了正交异性钢箱铁路桥面结构。铁路桥面采用有顶、底板的结构，顶、底板之间通过横梁和纵向隔板进行连接，形成整体箱型结构。在边墩和辅助墩区域，钢箱内灌注混凝土进行压重，应对活载作用时会出现支座负反力，这种压重方式避免了在桥面上堆放压重块，使桥面保持通畅美观。同时，在边墩区段铁路桥面采用正交异性钢箱桥面后，显著增大了桥面的竖向刚度，加上较小的边跨跨度布置，提升了列车通过的安全性和舒适性。

轻型设备即可安装和张拉的斜拉索。在铁路斜拉桥中首次采用钢绞线斜拉索。采用钢绞线斜拉索时，可采用单束安装和张拉，使用轻型设备即可完成。单束钢绞线均有独立的PE护套，增加了索的耐久性。钢绞线斜拉索的钢绞线为平行独立结构,使用后期可在不中断交通的情况下,仅用轻型设备实现单根绞线的更换和安装。针对铁路桥梁活载比例大、拉索疲劳应力幅高的特点,铜陵桥研发出钢绞线斜拉索单根索力均匀性等值张拉装备,确保单根钢绞线受力均匀。研发出可调式锚具密封装置,确保拉索锚具的水密性,同时应用了先进技术,确保了 PE 护套涂油镀锌钢绞线高防腐性能。

各类震动从容应对。首次采用具有组合功能的阻尼装置,使得抗风、抗震和减振不再是问题。大桥设计为纵向飘浮体系,为抑制在列车活载及风荷载等外力作用下主梁产生的振动,并在地震作用下能提供恒定的阻尼力避免主梁产生大幅位移,研制了阻尼指数为 0.1 的新型小阻尼指数阻尼装置。该套阻尼装置能兼顾大桥的抗风、抗震和减振,具有组合功能的纵向支承体系,通过选用合理的阻尼系数,实现日常行车条件下纵向固定约束、体系温度变化条件下纵向活动、地震作用下纵向支承反力接近恒定不变的组合功能,用一套阻尼支承体系实现以往类似桥梁几套不同类型阻尼装置的功能,简化了支承体系结构,改善了功能;同时在阻尼力的选取上引入大马拉小车的概念,确保日常行车下约束高效,最大限度地改善了包括梁端伸缩装置、公路伸缩缝、竖向支座本身的工作条件,阻尼装置本身的耐久性也得到了很好的保障。

在大桥建设过程中,中铁大桥局取得了"一项世界第一、四项国内外领先、七个技术亮点、十八项发明专利"等创新成果。正是在一次又一次的自我挑战中,不断创造新的记录,不断总结新的经验,从而更好地投入新一轮的自我挑战中。建成通车的铜陵长江公铁大桥,为以推陈出新为魂的皖江文化增添了新的注解,为绵延 3000 余年的古铜都注入了新的活力,为一站一景的合福高铁打造了又一座靓丽的风景。

跨越长江天堑，中铁大桥局早已不是当年筚路蓝缕的拓荒者，而是有着多年施工经验为基础，现代化的施工设备为支撑的弄潮儿。武汉长江大桥、南京长江大桥、九江长江大桥、芜湖长江大桥、武汉天兴洲长江大桥、南京大胜关长江大桥……一座座丰碑在侧。无疑，铜陵长江公铁大桥将随着合福高铁载入中国高铁光辉的发展史册，在千年古铜都，矗立起一座历史的丰碑！

国家队的风采在这里彰显

2013 年 5 月 22 日，京福客专安徽公司特地将桥面系施工管理现场观摩会选在了铜陵长江公铁大桥引桥工地召开。全线各设计、监理、施工单位的项目经理、项目总工近百人参加了现场会。与会人员看到大桥的电缆槽及挡墙线条顺直棱角分明，接触网支柱基础内实外美尺寸精确，接地端子标识准确清晰，现场"五图一牌"、工艺流程明确，纷纷拿出相机拍摄，甚至用尺子检验，纷纷赞扬大桥局施工管理严格，做工精细，内实外美，产品优良——这便是新中国建桥国家队的风采！

一座世界一流大桥的建设，千头万绪，可不像在自家门口的小水沟里搭块木板过河那么简单，无数道工序同时展开，各式各样的驳船、钻机、起重设备协同运作，成百上千的工人同时作业，无论哪里出了差错，都会造成不可估量的后果。这样的工程应该怎么管？靠拍脑袋可不行，必须要靠规矩。没有规矩，不成方圆。项目怎么管理，得有规矩；人员怎么调配，得有规矩；现场怎么布置，得有规矩；工序怎么推进，得有规矩；做出来的东西能不能用，也得有规矩。中铁大桥局的建设者，正是靠着一项项标准的制定落实，将这些规矩逐一变为每个员工的行为准则。

项目部成立伊始，就树立了"高标准、走程序、讲效率"的理念，按照中国铁路总公司"六位一体"的管理要求，在管理制度、人员配备、现场管理、过程控制上推行标准化管理。单是针对各个关键环节、各道工序的制定的施工标准化手册就有 16 本之多。翻开这些标准化管理手册，与其说是规范每个职工工作规程的条条框框，更不如说是如何做好每道工序的教科书。每个大工序分成哪几个步骤，每一步需要注意什么，有哪些关键的控制点，都进行了详细的说明，只需要按部就班地来操作，各项工作就能有序推进。有了详尽可行的标准，还要靠坚决的执行。项目部制定了一整套完备的培训机制，对每一名参建的职工进行技术交底和轮番培训，务必保证大家对自己手头的工作了解得清楚明白。项目部编制了各项作业指导书发放给现场参建员工，还在施工现场设置了工艺流程牌，定期还会组织检查和验收，对于不符合标准的产品，不但要重新来，还得接受相应的惩罚。在一次连续梁施工过程中，标准要求合内模前必须对所有钢筋绑扎的情况进行全面自查。一家作业队未经报检就合上了内模，现场负责人得知后，责成作业队必须拆除内模接受检查，否则不许施工。作业队不服气，扬言要找上级领导理论，现场负责人义正辞严地说道："我不管你找谁，没报检在我这里就通不过。"有同事劝他，小问题何必这样认真呢，既返工又影响进度，他说："我只知道质量是百年大计，不能因我的松懈而出了问题，影响企业的声誉！"

2014 年 2 月 8 日，中国铁路总公司副总经理卢春房来到项目部检查工作，他向中铁大桥局总经理胡汉舟询问大桥合龙的精度，总经理自豪地说"0.2 毫米！"。0.2 毫米，也就是市场上最薄的手机贴膜的厚度。跨度长达 630 米的大桥，逐节向江心吊装架设，合龙的时候，竟然只有连肉眼都无法辨别误差——这便是新中国建桥国家队的风采！

专业事就得专业人来干！在中国铁路总公司"高标准，高质量，高效率"的工作理念指引下，项目部以"机械化、工厂化、专业化、信息化"建设为支撑，全力推进标准化管理，"四化"的推进，为桥梁建设立下了汗马功劳。

这里聚集了世界一流的建桥设备。按照"先进性和适用性相结合、安全环保和实用新技术相结合、单项施工和配套施工相结合"的原则，项目部先后引进和投入使用了大桥局生产的 KPG（KPY）4000 型钻机、海天 4 号水上混凝土搅拌船、900T 预制梁提、运、架设备和大跨度 100 吨门吊、大吨位自升动臂式塔吊、大功率旋挖钻机等设备，还配合研制了 1000 吨吊船和400 吨钢梁架梁吊机。同时认真研究设备的调配方案，努力做到既能满足施工需要，又不闲置浪费，提高设备利用率。在引桥钻孔桩施工中，通过投入大功率旋挖钻机，创造了单台钻机日成孔 3 根、日填充 32 根钻孔桩的铜陵桥纪录。

这里把工地变成了桥梁拼装的工厂。按照"施工生产能工厂化的则工厂化，工厂能大则大，社会工厂能利用则利用"的原则进行统一规划。对预制梁场、拌和站、钢筋加工、砼生产、预制构件、试验室以及钢结构制造，强力推行工厂化建设，实行工厂化集中生产，部分工点还设有临时工厂。钢梁制造和 3 号墩沉井均为社会上专业生产厂家制造。通过实行工厂化生产和管理，减少各种人为因素的影响，从源头上控制原材料的质量，保证了成品质量，实现了生产效率与效益的有机统一。

这里汇聚了最专业的施工团队。集中专业化的员工、选择专业化的队伍、使用专业化的设备，是中铁大桥局集团公司用了一个甲子的光阴积累下来的优势。大桥局尽量按工程类别划分小作业单元，并充分考虑各个队伍的专业特长。大力推行架子队用工管理模式。根据施工特点，按照专业化分工，分别在南北两岸主墩、公铁合建段、引桥、预制梁场、混凝土工厂、钢筋加工厂工点成立了 11 支架子队，有效解决了施工过程中对作业层的管理与控制问题。

铜陵长江大桥公铁合建段施工

这里充分利用了各种信息化手段。项目部在主塔 3、4 号墩、预制梁场等关键控制工点建立了视频监控系统，为安全监督人员配上了"千里眼 – 智能眼"，安全监督部门可随时掌握施工现场的安全状况，及时发现事故苗头，监督现场及时消除安全隐患，实现安全生产。项目部还搭建了 OA 信息平台，设立了综合气象仪，建立了视频会议室。利用信息平台发布各项施工信息，综合气象仪实时预报和记录各项气象数据，并上传至信息平台，实现了信息的及时传递。通过 OA 信息平台的"通知及文件""现场动态信息""学习园地""安全质量"等模块，对施工日、周、月计划和工程日、周、月报进行动态管理。

在工程施工中，大桥局树立"三早、三不、三讲"理念，确保工程进度、质量和安全。"三早"就是"早策划，早投入，早收益"。抢抓工程进度，超前谋划，合理布局，加大投入，对工、料、机等各种生产要素合理配置。在关键线路超前谋划，做好工序衔接，进行任务分解，重点要解决劳动力紧张、工序衔接滞后的问题，合理配置资源，理顺各种关系。关键线路3号墩沉井施工自2010年4月17日第一节钢沉井顺利吊装下水，到8月24日沉井顺利精确着床，历时129天，创造了大桥局在长江复杂水文条件下大型深水沉井基础施工的新记录。"三不"就是"不折腾，不返工，不拖延"。充分发挥参建员工的积极性和创造性，不断鼓舞士气，心往一处想劲往一处使，坚持走程序、抓过程，确保工程质量一次合格率达到100%。充分发挥技术优势，在施工中不断优化施工方案。坚守质量"生命线"，铸造精品工程。全桥4655根钻孔桩经检测Ⅰ类桩4652根，Ⅱ类桩3根，合格率100%，Ⅰ类桩比率99.9%。三讲"就是"讲责任，讲目标，讲诚信"。以合同为准绳，落实管理层和作业层的责任，以岗定责。制定质量、安全、工期、成本、廉政、文明施工等责任和目标，形成千斤重担人人挑，人人肩上有指标的工作格局。以安全、优质、高效、和谐为目标，达到业主满意、监理满意、人民满意、员工满意、合作伙伴满意，实现工程履约。在安全方面，落实高风险工点项目负责人包保制度，实行项目部领导分片区责任包保、分部领导高风险工点带班作业、各架子队骨干跟班作业、职工现场操作等四级包保责任体系；落实现场人员核查确认、机械设备核查确认、关键工序签名确认、安全专项方案和措施检查确认"四确认"制度；在进度方面，项目部全面推行节点目标责任管理，与架子队签订责任书，明确施工生产目标和奖罚金额，极大地调动了参建员工工作的积极性、主动性和创造性，提高了工效，加快了施工进度，确保了施工节点目标和施工计划的完成。

拼搏的精神在这里凝聚

五十多年前，毛主席在武汉长江大桥即将建成通车的时候，曾经迈步走上桥面，望着桥下滚滚的江流，发出了"一桥飞架南北，天堑变通途！"的感慨。他对新中国的桥梁建设事业规划了宏伟的蓝图："将来要在长江上修二十座桥、三十座桥，黄河上修几十座桥，全国到处都能走"——这是 50 多年前发出的壮丽宣言，对于见过集全国之力修建武汉长江大桥的那一辈人来说，这几乎是一个不可能完成的任务。

时光转瞬，近一个甲子的岁月匆匆，在几辈大桥人的艰苦卓绝、不断创新中，我们脱胎换骨、勇争一流。毛主席一语成谶，这个宏伟蓝图，早就在大桥人一次又一次的成功跨越中，一笔一划地绘就成现实。现如今，横跨长江的桥梁已经有近百座，而我们正在参与修建的跨江桥梁有十余座！中铁大桥局在浩浩汤汤的长江沿岸，在十余个热火朝天江边工地，以长江为名，展

取得合龙的铜陵长江大桥

开了一场以"六比六创"为主要内容的劳动竞赛。一场史无前例、声势浩大、地域上跨越五个省（直辖市），工程造价达 180 亿元，桥梁总长度约 23 万米，参建人数 2 万余名的"长江大桥杯"劳动竞赛在连绵万里的长江之上拉开了战幕！铜陵长江公铁两用大桥的建设者，凝心聚力，奋勇向前，以舍我其谁的气概全身心地投入到这场大会战中！

2011 年 5 月 2 日，一场大体积、大方量、多区域、多工种参与的两主塔墩混凝土灌注大会战在铜陵长江大桥工地 3 号和 4 号主塔两个重要节点上展开。这里正在紧张进行的是 3 号主塔墩沉井封底和 4 号主塔墩承台混凝土灌注施工。时间就是效益、质量就是生命！共产党员冲了上去，党员先锋岗是战斗的堡垒，是战时的急先锋，是表率、是楷模，面对急难险重的任务总是一马当先；工人先锋号冲了上去，他们充分发挥特别能战斗、特别能吃苦、特别能创新、特别能奉献的"四特"精神，奋勇向前；青年团员冲了上去，他们是生力军、是突击队，激扬青春、挥洒汗水。工地沸腾了整整一宿！二十四小时的奋战，日月穿梭，繁星点点；二十四小时的奋战，江流激荡，擂鼓长歌；二十四小时的奋战，机械的轰鸣响彻环宇；二十四小时的奋战，工地上的灯火亮如白昼；二十四小时的奋战，各类施工船舶逶迤成龙；二十四小时的奋战，来往车辆川流不息……从水上到陆地，从南岸至北岸，从主桥到引桥，到处都在拼搏，到处都是战场。近万方的混凝土，在短短二十四小时内成功浇筑到位；与此同时，北岸引桥承台、墩身还灌注了 2000 方混凝土，创造了铜陵长江公铁大桥自开工以来日浇灌混凝土超万方的大桥局新记录。

这究竟是怎样一支队伍，凝聚着如此惊人的能量！

这个团队中始终饱含着奋进的激情。通过大力开展"共产党员先锋工程""党旗耀铜陵，党员争光辉"等党建主题活动，进一步发挥党支部和共产党员在大干活动中的模范带头作用，鼓励广大党员模范地履行岗位职责和党员义务；通过开展争创"工人先锋号"、加强"三工"建设、规范群安员保安全工作等活动实施，充分调动了广大职工的劳动热情；通过开展形式多样的"青年突击队"、签订青年安全包保责任书等活动，充分发挥共青团组织的助手和生力军作用。

在长江大桥深水基础施工中，最担心的莫过于每年的洪水。每一个进度都是在与洪水赛跑，枯水期无法完成的任务，等到洪水到来，就得多付出百倍、千倍的努力。在3号主塔墩钢沉井着床期间，大桥建设经历了两次特大洪水及持续的高温酷暑天气、定位船锚碇系统钢丝绳断裂和施工水域货船偶然失事碰撞的严峻考验，使3号墩施工遭遇到了前所未有的困难。如果3号墩不能顺利着床，不仅耽误大桥建设工期，而且还将造成巨大的经济损失。面对日益升高的洪水水位，项目部全体参建员工未曾有过一丝懈怠的想法，积极组织员工开展各项工作。进场道路被洪水淹没，参建员工们就每天趟过膝盖深的水前往3号墩；材料供应通道不畅，就开辟水上运输途径，哪怕是用人力一点一点地抬，也要保证材料按时到位。不管遇到任何困难，大家都牢牢地坚守在自己的岗位上。

这支队伍中始终充满了清正廉洁之风。在项目部始终凝结着这样一个共识：只有清正廉洁才能保证生产施工各项工序稳步推进；只有清正廉洁，才能凝聚人心、积聚力量；只有清正廉洁，才能保证资金安全、工程优质、干部优秀，如果被眼前的蝇头小利所迷惑，就会损失项目集体的利益，甚至个人的长远利益。项目部开展了"双优"活动，廉洁建设保驾护航。紧紧围绕加强党风廉政建设这个主线，大力加强防治力度，努力开创党风廉政建设新局面，通过加强领导、思想教育、法制宣传、制度建设、重点监控等多种形式，把加强党风廉政建设，预防职务犯罪和创"双优"活动贯穿于工程建设的全过程，为又好又快建设铜陵长江公铁大桥保驾护航。重点做好坚持"三重一大"集体讨论，工程款拨付等重大事项实行党政联签制度。加强对重点环节、重点岗位和重点时段的监督控制，及时掌握动态信息，防患于未然。用制度来规范工作人员的从政行为。在物资设备采购、征地拆迁、劳务工队伍选用、机械租赁等经济活动中，坚持全过程的监督，坚持公开招标，由相关部门评审合格后，及时签订党风廉政责任书后方能实施，同时向全体员工通报。促进了经济活动公平、公正、公开，防止了腐败现象的产生。

这支队伍中始终洋溢着团结快乐的气息。项目部想方设法创造条件，丰富员工文化生活。以"三工"建设为主线，努力建好工地生活、工地文化、工地卫生。建立了各种文化阵地和活动场所，篮球场、羽毛球、乒乓球室以及各类健身器具一应俱全，还不定期举办各种比赛活动，领导干部也积极参与，极大地丰富了员工的业余文化生活。

针对职工遇到的困难，项目部总是尽心尽力地为职工排忧解难。铜陵长江公铁大桥桥址处属血吸虫高发区域，项目部坚持每年定期邀请地方血防部门对全体参建员工全员进行健康体检，为少量患有血吸虫病的员工进行免费治疗，有效地控制住病情的蔓延，确保了施工生产顺利进行；解决职工进城难、生活不便的困难，项目部与当地银行联系，在工地设立了自动银行；购买了洒水车，解决了工地扬尘问题，为职工创造了良好的生活环境；与铜陵市人民医院联系，建立了抢救"绿色通道"，与村卫生所合作建立了路地共建医疗卫生所，购置了救护车；在高温天气施工时，项目部主要领导多次亲临现场开展"送清凉、送安全"活动，确保每一位参建职工、劳务工在施工生产中的安全、健康，把组织上的关怀送到了一线员工的心坎里去。

我们也从未忘记过自己的农民工兄弟们。项目部建立了"劳务工接待日"制度，项目部、分部分别将每月 15 日、16 日定为"劳务工接待日"，项目部及分部领导与农民工零距离接触，现场处理劳务工反映的有关问题或提出的合理化建议，及时化解矛盾，减少劳务纠纷，最大限度地解除农民的心理负担和后顾之忧，维护劳务工合法权益。针对农民工工资发放问题，项目部不厌其烦，建立了一套完备的工资发放程序，由项目部财务按时直接将工资汇入每个农民工的工资卡中，确保劳务工工资及时、足额发放到位。项目部为规范整洁的农民工宿舍统一配套了洗澡间、卫生间、食堂，购置了洗衣机，安装了有线电视，开通了网络，安排一起举行节日活动，实现了与职工"同学习、同劳动、同参与、同生活、同娱乐"的良好氛围。

自这支队伍进驻铜都之后，已先后被授予"全国工人先锋号""全国建筑业'AAA级安全文明标准化工地'""铁道部'火车头奖杯'""安徽省'争当合蚌合福合肥南环铁路建设先锋'劳动竞赛先进集体""安徽省'安全质量标准化的示范工地'""中国中铁工程项目文化建设示范点""中国中铁安全标准工地""中国中铁红旗项目部"等荣誉称号。1 人获全国五一劳动奖章，1 人获安徽省五一劳动奖章，4 人获铁总火车头奖章。在全体参建人员的果敢与努力下，创造了一个又一个的记录，成百上千的参建员工，在项目部大家庭的点滴关爱中凝心聚力。这是一支来之能战、战之能胜的队伍！

优秀的文化在这里传承

文化，是一个群体共同的行为标准和价值取向，就是一个群体在想问题、做事情的时候习惯采用的思维模式。这就决定了文化建设难以毕其功于一役，他需要传统和底蕴的支撑，比如酿酒，越陈越香。如何做好文化建设，项目部有着一套相当明确的思路，即以明确一个目标，培育一种精神，坚持一个方针，强化一个理念为内容的"四个一"发展思路。一个目标，来自于对于自身的产品的高要求，要打造百年不朽工程。一种精神，就是针对项目工期要求紧、施工环境复杂、生活条件艰苦、技术难度大等特点，号召全体员工发扬艰苦奋斗、团结协作、勇争第一的优良传统，着力培养全体员工"跨越天堑、超越自我"的企业精神。一个方针，就是用"行使命、构和谐、保安全、创精品"的管理方针，全力营造具有企业特色的各种文化，进而在观念上不断超越，在能力上不断进步，在业绩上不断突破，在技术上不断领先，在同行业中始终保持龙头地位，在新的领域不断拓展企业品牌。一个理念，就是强化"盈利光荣，亏损可耻，共创价值，共享成果"的理念，通过理念引导、精神鼓舞，努力用共同的价值观把员工凝聚在一起，最大限度地调动员工的积极性和创造性，合力推动施工生产顺利进行，为实现"企业兴旺，职工幸福"的奋斗目标而共同努力。

来到这里，你就会发现：

这是一个有底蕴的项目部。当漫步在中铁大桥局合福高铁铜陵长江公铁大桥项目部的时候，就可以深切地感受到这种底蕴的深厚，随之而来的，便是深切的责任。在工地两旁的文化展板上，留下了几代领导人的关怀寄语，留下了从武汉长江大桥建成以来，几辈大桥人树立的一座座丰碑。铜陵长江公铁大桥，注定会和武汉长江大桥、南京长江大桥等桥梁一道，成为见证新中国桥梁建设事业发展的新的丰碑。

这是个有颜值的项目部。根据中国中铁 VI 手册和中铁大桥局《企业文化指导手册》及项目标准化管理建设要求，项目部编制了《铜陵长江公铁大

中国文联"送欢乐　下基层"慰问演出

桥宣传策划方案》，为工地量身打造了一套标准化塑型方案。一幅幅醒目的宣传牌，一条条清洁平整的道路，一名名着装整齐的员工，钢筋加工车间里，各类原料、设备、钢筋笼整齐摆放；混凝土拌合站上，中国中铁的标识熠熠生辉；党、团员监督岗、青年安全生产监督岗、五牌一图等宣传展板整齐划一；施工场地内的安全警示标志牌、标志杆和料场的各种标识标牌以及施工道路上的指示牌等标准规范统一。这就是新中国建桥国家队的工地。

这是个有气质的项目部。两张报纸、两套画册，项目打造了自己的文化阵地。两报就是《铜陵桥》《安全质量简报》，每月一期，图文并茂，深受大家的喜爱，所有文章都来自基层，以第一手资料报道本标段的重大新闻、施工概况、员工风采、管理经验，对生产进度、工程质量、安全环保等情况进行通报。小小报纸是本项目向外展示形象的名片，是奋战在一线的广大员工精神风貌的剪影，是掀起大干快上的冲锋号角，是各参战单位经验交流的议事厅。两套画册就是《安全画册》和《京福飞虹》。《京福飞虹》画册编印中把桥文化和铜陵当地文化相融合，以大量的图片展示铜陵桥建设过程和广大员工的精神风貌，融合了铜陵三千年青铜文化元素，插入了体现大桥人胸襟的短诗及对联，翻开这本画册，就能随着这些精彩的瞬间走进大桥人致力于国家桥梁事业发展的伟大实践，走进大桥人如钢铁般坚强、似流水般温暖的心田，在体验铜陵长江公铁大桥成长的过程中，来感受桥梁艺术的壮美，来体会劳动者栉风沐雨的艰辛，从中汲取来自于劳动和创造的强大精神力量。

英雄的史诗在这里写就

滚滚长江东逝水，浪花淘尽英雄。一条跨越半个中国的铁路已经开通，一座世界一流的大桥已巍然耸立。一千多个日夜的艰苦奋战，多少人因工期推迟了婚期；多少人为工作饱受疾病的煎熬；多少人遗憾，没有给孩子开过一次家长会；多少人内疚，没能在父母的病床，尽一点儿女的孝道。所有的爱，都给了中国高铁，所有的情，都随焊枪嵌进了大桥。在八百里皖江畔，在千年古铜都旁，谱写了一曲曲英雄的史诗！

刘幸福——用心造桥树丰碑

提起刘幸福，许多人都会对他爱岗敬业、勇于创新、无私奉献的精神竖起大拇指。自1981年参加工作以来，刘幸福一直在施工生产一线从事技术工作，从一名普通的技术员逐步成长为一名教授级高级工程师，中国中铁一级职业项目经理，成为一名具备各种综合业务素质的管理型技术干部。他先后主持了福州三县洲闽江大桥、桂林解放大桥、青藏铁路、温福铁路、铜陵长江公铁大桥等大型、特大型工程的项目管理工作。其中，福州三县洲闽江大桥获2000年度铁道部优质工程奖、中国市政工程金杯奖；桂林解放大桥获广西自治区优质工程；青藏铁路拉萨河特大桥荣获中国土木工程最高荣誉第七届詹天佑土木工程奖及2007年度中国建筑工程鲁班奖。正如业主京福客专安徽公司总经理张骥翼所说，"三标在合福高铁一路领先，状态良好，是施工进度最快的标段，铜陵长江大桥已由关键控制工程变为非控制性工程"。

2010年4月，刘幸福从闽东海湾转战至千年铜都皖江岸边，出任中铁大桥局合福高铁铜陵长江大桥项目指挥长。几年以来，他默默无闻，身先士卒，无论是寒冷的冬天还是炎热的夏天，人们都可以看见他在工地上奔波忙碌的身影。

刘幸福思路开阔、善于学习、勤于思考、勇于实践，有着丰富的施工技术管理经验和很强的施工管理能力，勇于面对困难、敢于迎接挑战，克难攻坚能力强。在国内高速铁路桥梁最大的铜陵长江公铁大桥3号主塔墩沉井基础施工中，他深入研究，提出钢沉井采用工厂整节段制造、现场整节段对接方案，该方案在国内桥梁基础施工中尚属首次，经过实际检验，该方案提高了钢沉井的整体质量，缩短了工期3个月，节约成本约1200万元。5300吨钢沉井接高仅仅历时68天，改写了历史，把不可能变为可能。深水大型沉井施工技术荣获了中铁大桥局2011年度科技进步一等奖和中国中铁2012年度科技进步一等奖。

在高墩墩身施工中，刘幸福大力推行模板脚手一体化。模板脚手一体化实行统一设计、统一制作和验收，确保了墩身施工过程中模板与脚手平台程序化作业、高处作业平地化，从而达到了安全、环保、高效的目的，墩身施工效率从 10 天 / 节提高到 7 天 / 节，取得了良好的效果，受到业主等有关上级领导的一致好评与肯定。该技术荣获中铁大桥局 2011 年度科技进步三等奖。

在施工生产中刘幸福牢固树立"安全建桥、建安全桥""精雕细琢、百年品质"的理念。落实安全生产主体责任，认真做好安全标准化工地建设。积极推行风险管理，加大对重大风险源的识别、评估和监控。他坚持从施工设计源头抓起，抓施工组织设计和专项安全技术方案。组织编制了 16 本标准化施工手册，印发至全体施工人员作为施工作业指导书。通过有效管理，全桥主塔和连续梁施工工点多次被业主评为样板工程，实现了工程安全零事故、质量零缺陷的目标。两个连续梁工点被建设单位京福客专安徽公司授予"优胜连续梁工点"。

刘幸福是从施工现场逐步成长起来的，他深知，作为项目的第一管理者必须脚踏实地，深入现场，及时掌握现场的施工情况，为现场排忧解难。他始终坚持现场办公，将办公室设在工地一线。铜陵长江公铁大桥 3 号墩钢沉井下沉着床期间，他白天工作了一天，晚上还坚持在现场值班至凌晨两三点，解决现场存在的技术问题，第二天他还要正常工作，这就是刘幸福的工作作风。2012 年 3 月刘幸福因工作过度劳累及病毒感染而引起面部神经炎，同事硬是把他从工地拽到医院。每次在医院做完针灸治疗，他总是来不及休息一下就急忙跑回工地，坚守自己的岗位，职工们看在眼里，感动在心里，有这样的领导，谁心里不感到自豪。

作为项目负责人，刘幸福主持修建了多座桥梁的建设，赢得了无数的荣誉，他深知，在荣誉面前要始终保持良好的心态，每一项新的工程，对自己来说都是新的考验，作为一名共产党员，尤其是领导干部，要正确对待荣誉和成绩，要经得起各种物质和金钱的利诱，与职工打成一片是他的一贯作风，朴实的生活作风使他在群众中树立了威信。项目部招待客人始终安排到职工食堂，这样又实惠又节约。每一项技术方案的制订，他都要求把节约成本充分地考虑进去，不断优化施工方案。

刘幸福把满腔热情化作对企业的无限忠诚、对事业的不懈追求。他三十余年如一日，在建设世界一流桥梁信念的支撑下，用自己的实际行动践行着一个共产党员的铮铮誓言。一份耕耘，一份收获，他个人先后荣获了"大桥局科技进步一等奖""青藏铁路建设劳动竞赛先进个人""中铁工程总公司青藏铁路建设优秀科技、管理标兵""大桥局青藏铁路建设劳动模范""青藏铁路拉萨河桥鲁班奖项目经理""铁路施工企业优秀项目经理""全国建筑业优秀项目经理""福建省重点工程建设先进个人""大桥局优秀共产党员""大桥局先进（生产）工作者""大桥局"五一"劳动奖章""铜陵市重点工程建设先进个人""湖北省国资委创先争优优秀共产党员""两次铁总火车头奖章""全国五一劳动奖章""茅以升科学技术奖——建造师奖"等奖项，连续三年荣获中铁大桥局集团公司十佳项目经理，连续四年荣获京福客专安徽公司最佳项目经理等荣誉称号。

王立忠——敢为人先立新功

"创新犹如人的心脏，它是企业持续发展的核心竞争力。"他是这样说的，更是这样做的。

"你把不可能变为了可能。"京福客专安徽有限公司总经理这样评价他。

他就是 2013 年安徽省五一劳动奖章、火车头奖章获得者，中铁大桥局合福高铁铜陵长江大桥一分部项目经理、教授级高级工程师、共产党员王立忠。

1991 年 7 月，王立忠毕业于西南交通大学土木工程系桥梁工程专业。在开始工作的二十二年来，这位江苏硬汉凭着对事业的执著、坚毅、果敢，一步一个脚印从一名见习生逐步成长为从事桥梁工程建设的管理者和高级工程师。

2010 年 4 月，王立忠担任该桥一分部项目经理。铜陵公铁两用长江大桥是合福高铁全线关键性控制工程，而主桥 3 号墩钢沉井基础施工是全桥施工中的关键性控制点，事关全局。

这个钢沉井有 17 层楼房高，面积犹如 7 个篮球场大，自重更是达到了 5300 余吨，是目前国内高速铁路桥梁最大的沉井基础。如何将这个"庞然大物"安全快捷运输、吊装、接高到位，成为当时全桥施工中尤为重要的难点和焦点问题。

在主持长江深水大型钢沉井基础施工过程中的日日夜夜里，王立忠直面复杂的新工艺，带领技术人员挑灯夜战，查阅大量资料，精密计算，呕心沥血熬过了多少不眠之夜。他深入工地现场论证，大胆尝试，果断决策，采用钢沉井在工厂整节段制造，长距离水上运输，大吨位整节吊装、拼装、接高施工的新方案，在国内桥梁基础施工中尚属首次。

功夫不负有心人。经实际检验，该方案节约了 3 号墩主塔基础施工周期 2/3，节约成本 1/5。而他为此坚守工地，连续三个月没有回家，又平添了许多白发。2012 年 8 月，这项施工技术获得了中铁大桥局集团有限公司科学技术进步一等奖。

3 号主塔墩钢沉井准备实现着床了。而此时长江正处汛期，强大的洪峰将钢沉井置身于万马奔腾的激流中，定位锚绳经不住洪水一次又一次的强烈冲击，先后断了 10 多根，钢沉井犹如大海上的一叶扁舟在汹涌波涛中摇摆不定，这不仅给精确定位和航道运输安全带来了极大的难度，更给大桥人带来了一种极限的挑战和考验。时间一天天在身边流走，王立忠寝食难安，索性将铺盖卷拿到了水上值班房，吃住在现场。

专家论证，实施，再论证，再实施，几个来回后，终于满足了钢沉井着床的条件。

"着床开始。"随着一声令下，王立忠率领现场技术和施工人员值守在各自的工作岗位，有条不紊进行着每个工序。恰在此时，骄阳似火的天空突然电闪雷鸣、狂风大作、暴雨倾盆。"机不可失，时不再来，就是下刀子也要拼下去。"王立忠屹立在风雨中沉着冷静，果断指挥，所有人员全神贯注投入，没有一人因恶劣天气而躲避退却。

"成功了，我们成功了!"浑身透湿的王立忠与同事们紧紧相拥在了一起，淌在他们脸上的不知是雨水还是汗水，或是激动的泪水。在他的精心组织和率领下，一并克服了高水位、大流速、紊水流等诸多难题，在 40 多米的水深中，经过周密部署和充分准备，仅用半个多小时，从容实现了钢沉井高精度着床，这是桥梁基础施工历史上的一次重大技术突破，创造了奇迹。

站在江畔，又一列崭新的动车组驶过了巍然屹立的铜陵公铁两用桥，几年来的辛勤化作点点涟漪，回荡在心中。每一个笑容、每一滴汗水、每一场攻坚、每一个节点……都是大桥建设者的心路历程，都是这座精美大桥的成长过程。收拾好行装，整理好心情，大桥建设者们再次起航，为了建设更多更好的桥梁，冲击新的高峰，踏上征程。

（撰稿人：赵志刚　刘幸福　王圈亮　唐和平）

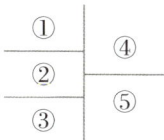

① 中国中铁副总裁、总工程师刘辉（左一）率队参观铜陵长江大桥

② 中国中铁工会主席刘建媛到铜陵长江大桥项目部检查指导工作

③ 项目部举行创先争优推进会，全体党员宣誓承诺

④ 项目部创建工人先锋号启动仪式

⑤ 铜陵长江大桥获评中华全国总工会"工人先锋号"

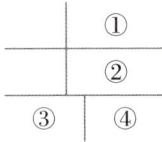

① 两节钢沉井运输到位

② 3 号墩钢沉井接高

③ 铜陵长江大桥获评中国建筑业协会 AAA 级安全文明标准化工地

④ 铜陵长江大桥获评中华全国铁路总工会"火车头奖杯"

① 钢梁悬臂施工全景

② 全桥照片

③ 工地标准化建设

④ 工厂化施工 – 铜陵桥
钢筋加工

①	②
③

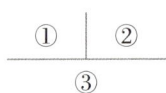

① 铜陵长江大桥桥面系施工

② 铜陵长江大桥轨道精调

③ 铜陵长江大桥联调联试

加速实现黄山人民的"高铁梦"

——中铁隧道集团合福高铁安徽段站前八标建设纪实

对于黄山人民来说，合福高铁承载了更多的期待。因为它的建成，意味着黄山人民梦寐以求的"高铁时代"来临了。全线开通后，合肥到黄山仅1个小时，合肥到福州也只要3个小时。承载着实现黄山人民"高铁梦"、皖南交通"枢纽梦"的重要任务就落在了中铁隧道集团合福高铁安徽段站前八标的数千名建设者身上。

中铁隧道集团承建的合福高铁安徽段站前8标位于黄山市歙县、徽州区、休宁县、屯溪区境内。标段北起歙县桂林镇DK288+440，向南跨富资河设富资河特大桥、跨丰乐河设西溪南特大桥，在徽州区西溪南镇设黄山北站，线路折向东南，设合铜黄高速特大桥、万安横江特大桥、上黄特大桥，跨在建黄祁景高速设黄祁景高速特大桥，穿枫口隧道，设月潭特大桥、下岩溪特大桥，穿小尖山隧道、茶口亭隧道，通过五城隧道与闽赣段相连，标段终点为DK343+180，标段全长54.734千米。标段总投资34.36亿元。全体参建员工经过抢晴天、战雨天、誓夺工期，以"强化隧道、重视路基、做好连续梁"的工作思路，合力推进重点工程攻坚，突破控制节点，用实际行动履约践诺。

拔除施工"拦路虎"

合福八标工程位于黄山市境内，构造物密集，桥隧比例高，技术要求严。地质复杂，地形条件差，施工难度大。具有交叉接口多，施工控制难，干扰因素多，协调工程量大等特点。成为制约合福八标施工的一个个"拦路虎"。

受之前铁路工程大面积停工缓建等因素影响，项目工期滞后、亏损严重、负债累累，这让已是第 4 任项目经理的于忠波倍感压力巨大。困难之多，工期之紧，工程本身的特殊性，均超出了以往任何一个项目。

2013 年 5 月 28 日万安横江特大桥连续梁合龙

面对挑战，于忠波团结带领两级领导班子，首先明确提出抢通架梁通道、加快连续梁施工等一系列节点工期目标计划，制订推进计划，明确责任分工，在确保安全质量的前提下加快施工进度。紧接着，他带领项目部负责人身先士卒，包保分部现场，深入一线盯控指挥，及时解决施工难题，带领参建员工加班加点，实行24小时昼夜施工、轮班作业。抗高温、战酷暑、保生产，通过采取劳动竞赛、节点目标考核等方式调动全体参建员工的积极性。

另外，在面对资金异常紧张的困难下，采取积极保证措施，调动一切积极因素，决战工程节点：

2013年4月18日，祊塘2号特大桥连续梁中跨合龙；

2013年8月21日，黄山北站地下主体工程提前完工；

2013年9月19日，西溪南特大桥连续梁顺利合龙；

2013年10月25日，月潭特大桥连续梁顺利合龙；

2013年12月4日，黄山轨枕场全线首家完成轨枕预制任务；

2014年1月5日，下岩溪特大桥连续梁顺利合龙；

2014年5月9日，合福八标全部箱梁制架任务完成；

……

一个个节点工程的相继突破，拔出了一个又一个的"拦路虎"，让黄山人民实现"高铁梦"更近了一步。

确保安全"可管控"

合福高铁按时速300千米标准建造，工程质量标准要求高。为确保高铁施工质量，项目部痛下决心清理整顿协作队伍，创新协作队伍管理的体制机制，全面推行架子队管理模式，从源头建立起严格的安全管理、质量把控体系。

首先，工程质量要作为首要工作来抓，该项目部先后出台《项目部质量管理办法》《项目部质量创优管理体系》等制度办法，并细化、分解，融入到每道工序的管理中。所有进场材料，均由试验室、物资部联合监理人员，共同验收，确保进场原材料和样品一致。确保每一段分项工程、每一道施工工序和每一组施工过程的施工质量全程受控。

同时，项目部高度重视科技创新工作，专门成立了 QC 小组展开技术攻关，隧道止水带安装等创新成果获得全线推广，多项 QC 成果先后获中铁隧道集团一等奖、二等奖。

合福八标地处皖南山区，线路穿越诸多山脉，沿线地质复杂灾害频发，并与皖赣铁路、合铜黄高速、S103 省道等线路交叉，安全管理成为了施工管理的重点。项目始终坚持要把"强化红线意识，促进安全发展"当作头等大事，健全安全保障体系。同时重视安全教育，在提高全员安全意识上下功夫。

合铜黄高速特大桥完工

要明确安全目标，认真落实安全责任制和各项措施；健全安全网络，完善安全生产的组织保障，实现安全生产的可控、在控、能控；认真开展安全检查，做好应急预案的编制和演练工作，确保安全生产有序可控。

共建企地"和谐线"

该项目部重视企地和谐共建，紧张施工的同时不忘社会责任。

在村民拆迁中无偿提供机械设备；

在关心下一代活动等方面提供力所能及的帮助；

在自身用电尚不能完全保障的情况下，无偿为机场大道工程提供临时用电线路和变配电设施，为政府节约变配电设备投资 30 多万；

2011 年 6 月中旬，他们积极参与当地抗洪抢险，冒雨疏通堵塞道路，及时转移出受灾村民 300 多人。

……

一个个积极的举动赢得了当地百姓的盛赞："中铁隧道集团不仅是高铁工程的建设者，同时也是祖国经济建设和人民利益的忠实保卫者"。"我们在施工过程中严格落实各项环水保措施，主要道路进行硬化处理，现场周边实施绿化，水泥全部入封闭式水泥库，砂石料集中堆放、覆盖。施工场地和便道每天洒水，做到路面不扬尘，不泥泞。"项目经理于忠波介绍说。

在付诸艰辛努力的同时，也收获了诸多荣誉：先后获评"平安诚信企业"、安徽省"工人先锋号"、安徽省"安康杯"竞赛先进单位、"五一劳动奖章"等集体和个人荣誉。京福客专安徽公司 A 级通报表扬、双保优胜项目经理部、创"双优"工作先进集体优秀单位等荣誉。

构筑环保"风景线"

明代大旅行家徐霞客曾说过，"五岳归来不看山，黄山归来不看岳"。黄山地区植被丰富，空气沁人，风景优美，整个地区自然环境与古徽派文化相映成趣，构成一幅绝美的皖南山水画卷，自古就是旅游爱好者的天堂。中铁隧道集团合福八标项目众多桥梁、路基、隧道工程均分布在这座名城的绿水青山和阡陌纵横之间。为保护这一方美丽的净土，建设者们开工伊始就提出了"让青山常在，让绿水常流"的环保口号。不忘初心，方得始终。建设过程中，更是以建设环保铁路，保护秀美山川，做环境友好型企业为己任，勇担社会责任，采取多种措施，坚持环水保与工程施工并重理念，注重施工区域原生态环境的保护，措施得力，效果明显。

执制度之剑，促环保理念成于形。开工伊始，项目部即认真贯彻京福公司相关环保文件精神，认真抓好"绿色合福"建设工作。首先，制定了一系列环水保工作制度，如《环水保实施方案》《环境和职业健康管理办法》《合福高铁工程建设环境保护、水土保持及文物保护管理实施办法》等规章制度。其次，专门成立了环水保管理领导小组，专门负责项目的环境保护工作。三是开展针对施工带班人员和施工作业人员环水保的培训教育，让各层次各岗位的人员对保护环境有充分的认识，提高全员环保意识，在作业过程中切实开展和落实环水保工作。四是为增强全体人员的环保水保意识，有计划、有步骤地开展形式多样、内容丰富的环保水保宣传活动，并要求各基层单位在主要路段的醒目位置挂横幅做宣传，增强各管理人员、现场项目负责人的环保水保工作理念和意识，不断提高他们的责任心，为做好环境保护及水土保持工作提供保障。

强化过程控制，使环保理念落于实处。在工程建设过程中，如何认真落实各项环保规定，不让一滴污水流入沟河，不让一抹绿色消失手中，我们重点加强了施工过程控制工作。在各施工现场树立环保文明标示牌；对环保风险防范各项措施落实情况进行考核，并将结果纳入绩效考核系统一并奖罚；请环保专家到现场指导，从防止水土流失、空气污染、噪声干扰、自然地形地貌的影响等各方面，严把环境保护关；在搅拌站、梁场，轨枕场等场所建立排水系统，将各种生产用水集中到沉淀池，过滤澄清后再用于冲洗设备、地面清洁等，循环利用；对建筑垃圾和生活垃圾实行回收运往弃渣场；成立安全环保队，定时对施工道路洒水防尘，疏通水沟。通过强有力的举措，开工以来，各项环保要求全面达标，较好的实现了质量、安全、环保"三位一体"协调发展的目标。

展现参建"英雄榜"

在五年的建设过程中，中铁隧道合福八标涌现出一批又一批先进人物，充分展示了企业的美好形象。

于忠波——"放逐自己"的高铁人

国字脸，宽身板，性格豪爽，典型的山东大汉。"70后"的于忠波，自从担任合福高铁八标项目经理后，头发一天天由黑转白……

临危受命。2011年年底，接手合福八标项目经理职位。中铁隧道集团承建的合福高铁八标黄山段历经五载，经理换了4任，于忠波接手之时，工程出现工期滞后、亏损严重、负债累累等不利局面，这让"临危受命"的于忠波倍感"压力山大"。在这短短的三年多时间，于忠波的一头黑发被"染"白了。合福八标管段全长 54.734 千米，途经黄山两区两县，包括 7 座隧道、44 座桥梁、50 座涵洞以及路基等。线路穿越诸多山脉，沿线地质复杂灾害频发，并与皖赣铁路、合铜黄高速、S103 省道等线路交叉，施工控制难，干扰因素多，协调工程量大。项目困难之多，工期之紧，工程本身的特殊性，均超出了于忠波的想象。

迎难而上。面对困难和挑战，骨子里有着"要么不做，要做就做好"信念的他，合理制订推进计划，明确责任分工，在确保安全质量的前提下加快施工进度。面对工期紧张等困难，于忠波身先士卒，深入一线盯控指挥，及时解决施工难题，带领参建员工加班加点，24 小时昼夜施工、轮班作业，采取劳动竞赛、节点目标考核等方式，调动全体参建员工的积极性。2014 年 7 月，项目部周边施工石料紧缺，按设计就地开采料源质量参差不齐。项目部为保证质量不惜花大代价，长运距直接采购合格填料，虽然影响了施工进度，但保证了路基质量，项目部这一做法得到了业主、设计、监理等各方的充分肯定。路基、连续梁、桥梁栏杆安装等多次被业主单位京福公司安排全线观摩学习，项目部多项 QC 成果先后获中铁隧道集团一等奖、二等奖。

"流放生活"。于忠波来自山东，现安家北京燕郊。可是自从进入中铁隧道集团后，便开始过着"流放"的生活。2004 年，妻子怀孕时，于忠波身在外地，直到临产，才请假回到妻子身边。在儿子未出生前，于忠波就跟妻子聊天说，如果是个儿子，以后坚决不能让他干工程；如果是个女儿，以后也坚决不能让她嫁给工程男。当儿子一天一天长大后，终于能理解高铁父亲的辛苦和伟大。高铁人常年在外，走南闯北，一年只有一次探亲假，遇到施工任务紧的时候，根本没时间回家，为了能团圆，有些家属就带着孩子到工地探亲。可有一次，于忠波的妻儿从北京来到了工地，于忠波却接到去外地开会的通知，下午刚到的妻儿不得不买了晚上返程的机票打道回府。还有一次回山东老家探亲，腊月廿九到家，本想多陪陪父母，可正月初三就临时接到任务要走。在机场，妻儿前来相送，原以为儿子不谙世事，可分手时儿子的一句话却让于忠波颇为震惊——"爸爸，你留下的是繁华，带走的是荒凉"，这句从 8 岁的儿子嘴中冒出的话，怕是对高铁人牺牲奉献的最真实写照。

"金牌工人"——于元登

于元登，路桥处合福高铁八标架桥队队长，在合福高铁的施工中，荣获 2013 年度中国中铁"劳动模范"，连续三年荣获路桥处"先进生产者"，2015 年被黄山市总工会授予首届"金牌工人"荣誉称号。

二进黄山。来自四川的于元登，已经在中铁隧道集团干了 20 年。1995 年，于元登在南昆铁路参加工作，先后在南昆、朔黄、金丽温铁路一线工作，服务于雷崇和丹海线公路。2006 年，屯汤公路开始修建，中铁隧道集团负责太平湖附近的一个隧道项目，于元登第一次踏在了黄山的土地，在那里待了一年多。原以为与黄山的缘分就此完结，没想到，2010 年，合福高铁建设启动，于元登又来到了黄山。

扛起大旗。于元登所在的架桥队，主要担负时速 300 公里客运专线后张法预应力预制箱梁的预制与架设任务。一向擅长公路"T"字型桥梁架设的于元登，这一次要面对的是高铁箱梁的制架工作，这是自己从未涉足的技术。2011 年 8 月底，在吉林省，中铁隧道集团第一台可以架设高铁箱梁的 YJ900 型架桥机开始拼装。为掌握高铁预制箱梁架设技术，掌握各型架桥设备的性能，于元登北上参与到运架一体机 YJ900 型架桥机的拼装调试工作中。抓住机会详细地了解架桥机的性能和结构，并参与该型架桥机的首架。所有这些工作，于元登说，"只是为了合福八标架桥任务"。在合福八标屯溪制梁场，于元登接手 JQDS-900 型架桥机的接收与拼装调试工作。他和厂家人员一起参与设备的拼装调试工作，并在箱梁架设中，积极推进设备技术改进，不断提高设备的工作效率。箱梁架设于 2014 年 5 月 9 日顺利完成，保证了合福八标架梁节点工期。

黄山情结。说起自己和黄山的缘分，于元登"满怀豪情"地告诉记者，自己的两个孩子都是在黄山出生。大女儿 2006 年在黄山区出生，二女儿 2013 年在黄山市人民医院出生。因为自己请不了假回家照顾待产的妻子，妻子又不愿意让丈夫留下遗憾，就挺着肚子独自带着婆婆，到黄山生产。来黄山 5 年，只回家过了一次年。

目前，于元登所在的架桥队已完成全部架梁任务，接下来将去什么地方施工他也不得而知。走过这么多地方，于元登说，自己唯独对黄山情有独钟：环境好，人和善。合福高铁通车后，他也希望今后能有机会乘坐高铁，通过自己架设的桥梁，再来黄山。

王德杰——项目部的管家兼外交官

忙拆迁的外交官。自 1994 年进入中铁隧道集团，王德杰就一直在一线工地跑。2010 年 4 月 18 日，王德杰清晰地记得自己第一天到黄山的日子。当时王德杰带了 10 位工人，到合福高铁黄山段踏勘现场，进行征地拆迁工作。当时主要的征地范围在歙县富堨镇。当天到达黄山已是傍晚，王德杰和工人们在镇上的小饭店吃了个简餐，第二天一大早就在镇政府工作人员的带领下，购置了锅碗瓢盆等生活用品。中午就自己开了伙。王德杰说，长久以来的"迁徙"生活，已经让他们掌握了熟练的生活技能。当天下午，王德杰在富塔镇政府工作人员的陪同下，前往高铁沿线测量土地。这是一段13.56公里的线路，牵涉到桂林镇、富塔镇、郑村镇、潜口镇、岩寺镇五个乡镇的征地拆迁工作。那段时间，为了做村民工作，王德杰从早上6点出门，要到第二天凌晨2、3点才能回到住所。也正是在当地政府的支持下，短短一个月内，王德杰就带领工人，完成了富塔镇18户居民的拆迁工作。随后，其他乡镇的工作以此为范例，也顺利展开。

聚沙成塔的管家。征地拆迁工作完成之后，浩浩荡荡的建设团队开始进驻。王德杰回归队伍，又开始当起了管家。王德杰所在的一分部有48名正式职工，加上民工有四五百人。这些民工一半是来自全国各地的农民工，一半是在本地招的，大都文化素质不高。如何才能将这一盘散沙聚积起来？是王德杰需要做的功课。管人首先要懂人。于是王德杰将分部的民工划分为多个民工小组，每个民工小组安排一位"政治指导员"，负责上传下达。及时将民工的思想动态进行汇报，并就其中的矛盾，及时进行化解。对员工进行关怀，冬送温暖、夏送清凉。对贫困民工进行经济援助，并在特殊节假日，举办晚会，活跃气氛。就这样，王德杰让分部的职工凝聚成了一个强有力的集体，施工人员齐心协力，不仅工程进度加快，员工的企业归属感逐渐增强。

忘不了黄山的好。二十多年来，跑遍了大半个中国，可是王德杰说，只有黄山，是他见过的最"和谐"的地方。项目从施工到竣工，无论是项目部，还是施工现场没有发生一起偷盗事件。而且在油菜花开的季节，施工队踩坏了周边村民的油菜，一位年近50岁的妇女不仅没有大声呵责，要求赔偿，而是告诉王德杰："你们建高铁是大事，可是我这油菜都快结籽了，你们能不能就踩一条路？""没有看过一个地方有黄山民风这么淳朴"，王德杰说。或许这就是深厚徽文化的魅力，不张扬，不浮夸，却将中华传统美德以润物细无声的方式，植根于民众心间。

让合福高铁"高枕无忧"——成绍路

五年来难得的悠闲时光。坐在工棚里，眼睛盯着一个小彩电，架起了二郎腿……2010年5月26日上午，在中铁隧道合福八标项目部五分部，轨枕场经理成绍路一副悠闲的样子。近些日子，是成绍路到黄山五年来最为轻松的日子，原因很简单，合福高铁黄山段建好了，眼下处于"农闲"期，他正在等上级分配新任务。看到我们来，成绍路从房间里走出，高高的个子，黝黑的皮肤，一脸的和善。"工人们都走的差不多了，就剩下我们几个。"成绍路说。的确，在成绍路所在的合福八标五分部（轨枕场），放眼望去，偌大的轨场已是一派荒寂，而从2011年到2014年，这里曾是何等的红火，合福高铁包括黄山段在内的6、7、8标轨枕、盖板、栅栏等均是从这里加工预制而成。"说的通俗点，高铁是床，我们就是给这张床加工床上用品的，也就是给高铁轨道做'枕头'的人"。成绍路形象地向记者比喻。

二度结缘黄山。成绍路20岁入职中铁隧道集团，一开始在北京延庆的军都山铁路担任开挖工。开挖工是铁路建设中最辛苦也是最危险的工种。不过，年轻力壮的成绍路在担任开挖工时表现非常抢眼，在工地最忙碌的时候，他甚至能双手握双枪，即左右手同时持重达30公斤重风枪钻洞，这在开挖工中是不多见的。或许是和黄山有缘，成绍路于1991年就曾到过黄山施工。这也是他人生中的第二个工程——国道205汤口双岭头隧道。这一次他在黄山待了两年多。"真没想到，时隔20多年再次来黄山。"采访中，成绍路不止一次这么说。不过相比于二十多年前，这次的合福高铁建设难度很大，公司以前主要从事的是隧道建设，这次承接的却是轨枕的加工生产，专业"跨界"，压力很大。成绍路说："由于列车速度的提高给轨道结构的作用力与速度的 n 次方成正比，因此高铁对轨枕的质量要求非常高，每根 2.4 米 ×0.5 米的轨枕正负偏差不能超过 1 毫米，他们生产的每一片轨枕都要经过质检员的检验达标才行。为了能保质保量完成任务，加班成了家常便饭，记得一次中午在食堂吃饭时，吃着吃着他竟然趴在饭桌上睡着了，直到同事把他抬到房间也没被吵醒。由于太忙太累，成绍路一度肾炎发作，所幸发现早、治疗及时，现在已经康复。

军功章有家庭的一半。采访中，话语不多的成绍路总说自己亏欠家人太多。由于常年在外，几乎顾不了家庭，要几年才能回家探望一次在老家贵州遵义的老父老母。而最让成绍路愧疚的是妻子生产的那一年，由于工程大会战，他无法抽身回家，妻子在医院生产后的第三天，因为身体虚弱，半夜如厕时不小心从二楼摔倒在一楼，由于是在下半夜，妻子在医院楼道内昏厥了一个多小时后才被发现，所幸摔得不算严重，否则后果不堪设想。有了小孩之后，妻子更加辛苦，家里家外妻子都得管，尤其是添了第二个孩子之后，妻子不得不放弃工作，做起了专职的"后勤部长"。"中国高铁建设的成就，离不开在幕后默默奉献的女人们，高铁人的军功章，有女人的一半。"说到动情处，成绍路如是说。合福高铁开工以来，成绍路所带领的黄山轨枕场建设队伍的施工进度、安全质量、履约能力在合福高铁安徽段同类参建单位中位列前茅，单位先后被安徽省总工会评为"工人先锋号"荣誉单位，被黄山市评为"平安诚信单位"荣誉称号，被京福公司评为"优胜轨枕场"等。成绍路个人也分别在 2011 年、2012 年、2013 年被中铁隧道集团路桥处评为"优秀基层干部""先进个人"、被京福公司评为"优秀共产党员"。

工程师陈应超：幸福只在此山中

镜片底下的陈应超有一些腼腆，坐在记者的对面，几乎不"正眼"看人，他的头多半是低着的，一双眼睛偶尔的瞄一下准备好的材料，却又佯装不看，瞬间又离开，生怕记者小瞧了他。

陈应超来自"不辣不革命"的省份——湖南，生于 20 世纪 70 年代末，大学学的专业是工程造价，理想的工作是城市办公室的白领，可现实却是到了中铁隧道集团、且被分配到施工一线的项目部。

"平面、标高、兆帕、沉降……"采访陈应超，这些名词一个个从他的嘴里蹦出，尽管有的记者一知半解，但陈应超的专业形象已烙在记者的心头。"最小钢轨曲线半径不小于 7000 米、桥梁单跨最合理的跨度是 32 米或 24 米、轨道精调偏差在 0.5 毫米以内、道床的堆载预压要保证 6 个月……"说起这些来，陈应超头头是道，在记者一知半解的眼神中，他的表情不再像先前那么羞怯。

陈应超说，在黄山的近五年时间，是他人生中最难忘的一段记忆。合福高铁的工程技术和精度，合福八标承建的黄山北站的规模和施工进度，全线 52 公里的重点和难点，作为一名高铁人，他为之感到骄傲，他的高铁经验和专业技术水平都在黄山高铁建设中得到了历练和提高。

不过，唯有遗憾的是，来黄山五年了，还没有陪妻子去爬过一次黄山，自己 1.7 米的身高，体重仍不到 60 公斤。"忙，忙的没时间玩，瘦，由于工作本身和工程质量安全带来的压力太大。"陈应超说："不仅如此，还有来自家庭的压力，妻子太忙，除了上班还要照顾孩子，老家的父母已经 5 个年头没去看望了。"

有所得必有所失，有所失便有所得，人生就是这样。从一开始的工程造价，再转行到土木工程，从开始的讨厌，到渐渐的喜欢，从技术员到工程师，从云南到山西，从湖北到黄山，从京津城际到合福高铁，一条条高速公路和高速铁路让陈应超感受着高铁的速度和激情，转眼他已从一名书生气十足的大学生逐渐成长为一名高铁建设的工程师。如今的陈应超已经把自己完全置身于中国的高铁事业当中，并为之骄傲。

（撰稿人：殷庆武）

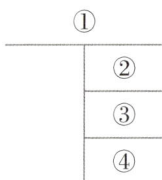

① 2013 年 4 月 17 日，项目部向协作队伍委派政治指导员

② 2014 年 6 月 4 日，乌兹别克斯坦铁道部考察黄山北站无砟轨道建设情况（摄影：梁红祥）

③ 全线观摩桥面系施工

④ 安全月活动安全咨询点

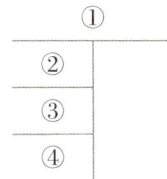

① 班前讲话

② 路地联合举行消防知识培训

③ 庆"七·一"歌咏比赛

④ 箱梁浇注

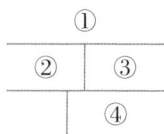

① 西溪南特大桥

② 黄山北站场工程

③ 整体道床施工

④ 富资河特大桥

①　路基施工

②　边坡防护

③　驻地园林化

融化坚冰　书写奇迹

—— 中铁隧道集团合福高铁闽赣段 HFMG-6 标建设纪实

中铁隧道合福高铁 HFMG-6 标段位于福建省东北部地区的建瓯市，本标段正线起讫里程为 DK630+331.95 ～ DK681+995 共 51.663 千米，线路等级为客运专线，正线数目为双线。其中区间正线桥梁 42 座，长 13.859 千米，隧道 16.5 座，长 32.738 千米，车站 1 个，桥隧总长 46.597 千米，桥隧比 90.19%。线路由屏山隧道起，经过下坑、北津村、溪口、建瓯西车站、七里街、桔园、穿南雅隧道、狮山、理龙口、过大横隧道到石门山隧道止。工程项目种类多，工序作业频换变化，施工难度大，工程技术复杂并且施工区间跨度大，资源分散，多为隧道和大中桥梁交替施工，地形条件复杂，工程规模大，综合性强并且桥隧相连多，部分桥台伸入隧道内，施工干扰大，施工工期紧。中铁隧道进场后，高度重视，积极谋划，快速推进工程建设。

攻坚克难　大展风采

2010 年 8 月 12 日，是一个值得铭记的日子。蔚蓝的天空没有一丝云彩，南雅隧道开工的炮声打破了往日的平静，机器的轰鸣声夹杂着欢呼声，沸腾了沉寂多年的土地，中铁隧道股份经过前期紧张有序的筹备，打破僵局，成为京福高铁福建段率先开工的单位。

南雅隧道施工过程中，先后经历了诸多的困难和挑战，每一次都是对员工心理素质和应对施工现场突发事件的处置能力的考验。印象最深刻的是 2011 年 2 月 8 日的早上，每个员工都在做着与家人欢度春节的美梦，浑然不知一场灾难已悄然来袭。南雅隧道池坑斜井装载机在出砟时，掌子面（XDK0+567.0）右侧，距拱顶 0.7 米左右再次出现大量涌水，涌水量达 900 立方米 / 小时，超强的涌水使隧道在短时间内成为一片汪洋，时刻面临坍塌的危险。班子成员当机立断，立即组织了一支 20 多人的抢险突击队，撤除洞内机械设备，安装水管、增加大功率抽水机抽排涌水，然后再进行全断面帷幕注浆、打止浆墙。为了能尽快堵住涌水，各部门管理人员和机械班人员一起紧张有序地抬运架设水管、安装抽水机，抢险现场没有一个人退缩，大家犹如一只握紧了的拳头，心往一处想，劲往一处使。经过连续 8 个日夜的艰苦鏖战，15 日 5 时，洞内的积水终于得到有效控制。这次抢险，虽然仅是他们在南雅隧道施工过程中攻坚克难中的一次缩影，但却是中铁隧道人英勇善战精神的体现，是团队凝聚力、战斗力的彰显，是肩上的责任让他们再次放弃与亲人团聚的机会。

南雅隧道出口浅埋段二百多米的 V 级围岩施工，岩层破碎、埋深浅、节理裂隙发育、拱顶挤压变形、地下水丰富、安全风险高，施工难度前所

南雅隧道全线贯通

未有。工程技术员和现场管理干部结合特殊地质不断进行比较、筛选、优化，权衡各种因素，综合各方面情况，采用"四步CD"和"三台阶临时仰拱"法施工，遵循"短进尺、弱爆破、强支护、勤量测"的原则，加强超前地质探测，密切观察围岩收敛情况，严格控制装药量，最大限度减少隧道爆破对围岩的扰动和影响，并用超前锚杆、系统锚杆、钢拱架加强支护，防止坍塌。但破碎的岩层与裂隙中的突水混杂呈不规则的流塑状，失去自稳力，不能打眼钻孔，不能爆破，挖掘机、装载机也派不上用场，只能靠人工用铁锹、锄头挖。稀泥边挖边往下流，一天竭尽全力也只能前进几寸，五六月南方的天气，洞内闷热得让人窒息，但没有一个人畏惧、退缩，12小时下来，没有一个人叫苦喊累。他们用钢铁般的意志，顽强拼搏的精神，日夜艰苦奋战了半年，成功穿越了软弱破碎地质，为后续长大隧道不良地质施工提供了技术参考，积累了宝贵经验。

科技创新　走出困境

长大隧道通风一直是困扰施工企业的难题。因施工中炸药爆破、挖掘机、装载机、运输汽车排放的废气在隧道内聚集循环，使隧道内空气污浊，严重危害作业人员健康，妨碍施工安全，影响工程进度。南雅隧道通风困难，以斜井最为明显，斜井井身960米再加上正洞施工，独头通风距离达3000米，送风线路过长导致风耗过大达不到通风效果；高差大，新鲜空气不能自然抽出排放。常规通风方法风力弱、分散，起不到净化洞内空气的作用，根本不能解决问题。通过专家组会同现场管理技术人员，耐心细致地查找隧道内影响风速的原因、送风状况、风管挂设维护、通风机功率和使用状态，进行详尽地分析、对比、权衡，酝酿制定了有效的通风方案，即：隧道外用轴流风机通过风管以压入的方式将隧道外清洁空气先送入储风室，然后再通过储风室外设置的轴流风机采用压入式通风理念将清洁空气压向掌子面。配合反方向射流风机排出浊污空气，加快风流速度，达到快速置换空气的目的。该通风方案，打破了长大隧道传统的通风思维模式，解决了长大隧道通风不畅的难题，在长大隧道的通风技术上处于领先地位。

安全优质　展示形象

安全就是最大的效益。在隧道建设的全过程中，中铁隧道股份公司把

"生命至上，安全第一"的理念贯穿在施工生产的各个工序、渗透到生活中的每个细节。坚持"严管理、勤排查、除隐患、重落实"的基本原则，并将其体现在规章制度里、操作流程中、行为规范上。一是加大安全投入，改善作业环境，促进安全生产；二是加强安全培训，培训后通过考试验证合格后上岗；三是坚持班前安全提醒、班中安全检查、班后督促落实，杜绝遗留安全隐患和违章作业现象；四是现场领工员同时兼任群众性安全监督员，配合专职安全人员日常安全巡查及安全隐患排查，发现问题及时督促整改，不留死角；五是在施工现场醒目位置悬挂各岗位安全操作规程和警示标语，落实安全应急演练，增强作业人员安全意识和突发事件的处置能力；六是完善安全管理制度，刚性执行，赏罚分明，敢于"碰硬"，不留情面，促使每个员工养成自觉遵守制度的习惯；七是坚持每月组织班子成员、各部门负责人安全质量大检查，对发现的安全隐患及时通报，定责任人限期整改、验证。通过防违章、查隐患、看效果，真正做到时时预防、处处把关、层层落实。三年多来，安全形势良好，未发生一起安全伤亡责任事故。

工程质量上，牢固树立"一次成优、全面创优、确保部优、争创国优"的思想。施工中，质检工程师带领员工24小时轮流跟班作业，对爆破开挖、初期支护、钢筋绑扎、防水板铺设、衬砌施工等每一道工序全程跟踪、监督、指导，严格把关，有效避免了质量隐患和质量事故的发生。同时，每月由班子成员、各部门负责人对各工序质量考核评比，当月兑现奖罚，系列措施保证了工程质量的全面受控，在中国铁路总公司各级单位组织的多次检查中，均获得一致好评，企业形象不断提升。

精细管理　硕果累累

开工以来，从临建工程到主体工程、从材料消耗到工艺控制、从现场施工到管理措施，严格按照"管理规范深挖潜、持续创新求效益"的管理理念进行。

项目部在物资管理方面，对材料计划、价格核定、合同评审、验收发放等环节进行控制，切实做到采购有计划、单价有控制、验收有监督、领用有定额、节超有奖罚，使员工自觉养成节约材料的良好习惯。设备管理实行单机考核，每月重点从通风机、空压机的耗电和装载机、挖掘机、出碴汽车的油耗上，切实降低机械使用费。施工进度上将月计划和节点目标结合起来，制定奖罚措施，现场管理强化过程监督控制，及时掌握现场施工动态，发现问题迅速处理，尽量避免机械影响和人为耽误，同时每月在各作业队间开展劳动竞赛，兑现奖罚，加快了施工进度。开挖成型实行领工员、技术员跟班指导监控，重点从周边眼位置、钻眼角度、深度、眼距、起爆段数、每段装药量上严格控制超欠挖，炮眼残留率95%左右，并能持续保持光面爆破效果。每月定期召开成本分析会，敢于直面问题，并实行问题整改反馈验证闭合机制，按照职责范围及分管工作，定责任人、验证人、整改时限、整改目标，确保问题不搁浅，同样的问题不重复发生，有效的成本管理手段，使成本赢利额不断上升。

标准管理　机械化配套

2012年11月9日，中铁隧道集团合福Ⅵ标花山隧道顺利贯通。花山隧道采用的机械化全配套作业，作为当前长大山岭隧道施工新的方向和组织模式，体现了当今长大山岭隧道机械化施工的最高水平。在 21 世纪之初，为进一步探索长大山岭隧道常规机械化施工，中铁隧道集团努力进行探索，方斗山隧道、渝利铁路、贵广铁路、沪昆铁路等，机械化作业由单一开挖的台车逐渐覆盖全工序，花山隧道成为这一尝试的"最终版本"。

机械化全配套施工开启"标准化"新标准

花山隧道被作为中铁隧道集团"四化"建设标准项目，要建设成窗口工程、标准化样板工程，要依托机械化全配套施工打造高品质铁路工程。花山隧道共配置了三臂凿岩台车、喷浆机械手、全液压自行式仰拱栈桥、防水板自动铺设机、衬砌混凝土自动养护台架、整体式衬砌模板台车等机械设备，资产原值达 3700 万，机械化配置程度全线仅此一家。

在配套机械管理上，花山隧道实行定人、定机、定操作规程、定管理制度和先培训后上岗的管理方法，确保操作人员掌握设备的结构、性能和工作

架桥机首发开架

原理，做好设备运转记录、机械保养维修记录的填制工作，动态了解设备的实际运行情况，保证设备的正常运转和施工进度的稳定。

依托机械化全配套，花山隧道形成了钻爆作业、装渣运输、锚喷支护、仰拱铺底、衬砌防排水铺设安装、衬砌混凝土及衬砌养护七条机械化配套作业生产线，同时辅助超前地质预报及长大山岭隧道通风系统作业线，形成了隧道机械化全工序闭合施工。

在开挖掌子面，承建花山隧道的工区主任郭海坡介绍到：隧道采取两台三臂凿岩台车施工，开挖的效率及安全性远远大于人工开挖，开挖成型控制良好，炮眼延顺，线性超欠挖控制在 5 厘米左右；利用凿岩台车施作超前锚杆、系统锚杆等比传统工艺有较大提升，且安全可靠，大大降低了支护人员的安全风险。

机械总工柳志国对于这些机械设备的性能了然于胸，讲起来滔滔不绝：阿里瓦机械手喷浆作业大大降低了作业人员的危险系数，初支喷射混凝土厚度与平整度均能达到设计要求，混凝土回弹量控制在 10% 以内，这些数据在全线均达到领先水平。

花山隧道配置的自行式仰拱栈桥，在提高劳动效率和确保安全方面起到巨大作用；衬砌中采用防水板自动铺设机，传统的防水板铺设工作程序复杂，作业人员需将沉重的防水板从铺设台架的一端拖拽到另一端，且需要保证两幅防水板搭接宽度符合要求，操作困难较大，采用防水板自动铺设机具有方便、快捷、定位准确的优点，还可以保证相邻两幅防水板的搭接宽度。

闽赣公司南半指挥部指挥长总结花山隧道施工水平：一是光面爆破一直保持的这么好；二是初期支护平整度和圆顺度和Ⅳ、Ⅴ级围岩效果一样；三是止水带安装效果；四是土工布和防水板铺设像工艺品一样，赏心悦目；五是管线及文明施工等一以贯之地保持。

"四位一体"组合配置 打造全线标杆工程

与机械化全配套作业相伴而生的是，工厂化的钢筋加工车间、信息化的隧道动态管理和专业化的施工班组组建，形成"四位一体"，将花山隧道施工推向全线的标杆。走进花山隧道洞口的调度室，通过一台电脑就可以详细了解隧道内施工工序的作业情况和人员、车辆分布情况，这得益于隧道门禁系统和洞内动态信息管理系统，使得对隧道内施工更加动态、精细和高效。

在工厂化的钢筋加工车间，洁净、整齐的现场，让人印象深刻。2011年1月22日，中国铁路总公司副总经理卢春房在花山隧道检查工作中，给予了花山隧道许多积极的评价，在工厂化的钢筋加工棚，他讲道：一流的高铁需要一流的施工操作，在这里完全体现出来了。这不仅在于钢筋原材料摆放的整齐明晰，更在于加工水平的达标和卓越。

"四位一体"的另一个受益者是参建的农民工。专业班组的组建进一步提升了农民工的技术水准，花山隧道给每位作业人员发放了技术要点，并进行了专业、持续的培训。在11月份，花山隧道贯通前夕，一些班组农民工已经收到其他标段的诸多邀请。在花山隧道农民工也享受到了高工资的待遇。花山隧道钢筋拱架班组副组长唐世海，作为一名农民工，由于电焊技术出众，且具有相当的组织能力，被推举为副组长，月收入达到7500元；班组组员的钢架加工也进行了计件承包，月均收入达到5000元。专业班组的组建进一步提升了隧道专业化施工水平，也进一步调动了农民工的参加热情。每个月按时拿到工资的民工洋溢着的是阳光的笑脸。

"四位一体"的超强配置不仅使隧道施工水平得到改进和提升，与传统作业方法相比，工效提升达到40%，在安全质量方面的严格管控，成就标准化建设高品质。在2011年6月份召开的全线标准文明工地观摩会上，各标段负责人用"眼前一亮""隧道还可以这么干""震撼"等字眼进行评价。

2012年7月5日，京福客专开工以来最大规模的现场观摩会再次在花山隧道举行，带队业主对工区机械化、标准化、精细化作业给予了高度评价，在召开的经验交流座谈会上，提出了"山岭隧道看花山"的高度评价。

技术创新将标准化作业推向"精微"

光鲜的背后凝聚着隧道建设者们的心血和智慧，在隧道机械化全配套闭合施工的工序之外，为进一步将一些细小工序统一在机械化作业的范畴之中，工区还实现了诸多小创新。一是自行设计并加工了洞室整体模板台车，定位速度快、安装精度高、表面平整度好，避免了传统工艺施工后需进行二次修补的缺点；二是曲模施工创新，针对仰拱施工中两侧弧形部分无法成型的特点，自行设计并加工了仰拱弧形模板，可以保证仰拱在两侧部位能按设计圆弧成型；三是使用纵向止水带夹子，采用了自加工的角钢卡，保证了在混凝土浇筑过程中止水带不变形，不移位，拆模后外露宽度均匀，纵向顺直；四是采用衬砌环向堵头钢板，模板沿隧道环向呈双块合页结构，转轴设在衬砌厚度中部的止水带位置，施工过程中止水带卡于转轴部位，满足了一半埋入、一半外露的设计要求；五是水沟电缆槽整体式滑动钢模一次性浇筑，拆、移、装方便快捷。

花山隧道的施工地质条件并不简单，全隧共需经过 8 条断层及其影响带，安全风险高，并存在高地温问题，机械化作业时散热量较大，造成隧道内开挖面附近区域温度较高，作业时温度达 42℃。此外，隧道贯通工期制约标段内 5 座桥梁的架梁施工，工期紧、任务重、施工难度大。然而良好的人、机管理和配备，使得花山隧道不仅在安全质量成为样板工地，还创造了月最高进度 270 米的记录，2012 年 11 月 9 日的贯通时间比设计节点目标提前三个月，成功解决了架梁通道制约问题。

机械化全配套作业在花山隧道的成功，得到了业界和各级领导的认可。机械化全配套施工在闽赣段引起了极大的热潮，在关注花山隧道机械化配套的同时，更关注机械化配套施工在当下施工中的运用。

花山隧道建设过程中坚持刚性推进标准化建设，成为亮点。全国铁路停工期间，国家检查组到合福高铁闽赣段调研安全质量及维稳工作情况。《花山隧道机械化全配套施工专题片》成为闽赣公司唯一的国检放映片及发放视频资料。

花山隧道的机械化全配套闭合施工，受到业界专家及各级领导的高度评价。这座在京福全线唯一一家使用机械化全配套施工的隧道，在我国长大山岭隧道常规机械化全配套作业上留下了重要一笔，其具有里程碑性的典范意义，富有成效和有益的探索在当前长大山岭隧道常规施工中极具可借鉴性和推广意义。

凝心聚智　展建桥风采

筑路何惧艰和险　穿山越河只等闲

国道建溪峰福线　建溪桥上三大关

国道车流穿行忙　　建溪河水风雨狂

峰福铁路设险关　　建溪桥上摆战场

中隧儿女勇亮剑　　凝心聚智巧攻关

明日天堑变通途　　八闽大地皆欢颜

2013 年 9 月 10 日 6 点整，随着最后一罐混凝土浇筑完毕，京福铁路南平建溪特大桥跨越既有峰福铁路连续梁施工胜利合龙，与此同时，全桥的墩台施工也全部完工，这是继 7 月 21 日双百米大跨连续梁成功牵手建溪河之后的又一次成功跨越，不仅标志着全桥连续梁施工的成功收官，同时也为项目桥梁架设工作的整体推进做了铺垫。

灵活机动　巧解资源之困

资源是摆在当初刚接手建溪特大桥的七工区管理团队面前的具体问题。无论是现场管理和技术资源还是生产所需的人力、设备资源，基本上都是空白，有的只是常年从事山岭隧道以及市政工程建设的管理及技术人员，整个工区真正接触过桥梁施工的管理人员和技术人员寥寥无几。从事现场作业的专业工人以及桩基、墩身，连续梁施工的设备、机具、模具等生产资源更是无从谈起。

为尽快摆脱困境，迅速展开施工，工区管理团队确立了"灵活机动，多方求援，走出去，请进来"的资源管理工作思路。一是从工区在建的石门山隧道就地筛选施工管理和技术骨干进驻桥梁工地；二是向公司求援，请求公司在全公司范围内协调桥梁施工管理及技术方面的人员；三是工区管理团队走出去，广泛走访调查，寻求社会资源。一个月下来，工区管理团队遍访了京福线上的大大小小的桥梁建设工地，调查了几十家大大小小的施工队伍，几十家桥梁施工设备资源配置的商家，晚上回来挑灯夜战，审图纸，查资料，拍摄了几千张桥梁施工图片，查阅了几百例桥梁施工的组织措施和方案。每天针对桥梁施工的咨询电话不计其数。功夫不负有心人，在工区管理团队的不懈努力下和公司的大力支持下，建溪特大桥的资源框架很快得到落实，施工得以顺利展开。

跨越建溪的连续梁

凝心聚智　破解工艺难题

　　工艺的多样性、复杂性是建溪特大桥施工中的一大特点，从桩基、承台到墩身、连续梁，整个施工流程中涵盖了诸多工艺。随着施工的展开，一个个工艺难题也接踵而至，对管理团队每个成员提出了极大的挑战。为破解施工过程中出现的工艺难题，工区成立了以工区主任和总工为组长的 QC 攻关小组，用以承接施工过程中工艺难题的攻克和破解任务。小组从成立之初至今，立足现场实际，刻苦钻研，科学攻关，在工艺难题的克服和创新上取得了丰硕的成效，先后制定论证并出台各类技术方案 30 余个，攻克破解及创新技术工艺 10 余项，对施工的安全质量进度和效益起到了极大的助推作用。

从水中墩基础及承台施工中专业"黑旋风"清孔机械的大胆使用，到钻孔桩基础声测管的优化变更，从水下孔桩灌注过程中钢筋笼上浮难题的破解到承台大体积混凝土浇筑过程中的温度的有效控制，从深水基坑无水作业条件及安全质量保证的工艺创新，到高墩大跨连续梁施工过程中 0# 块托架、挂篮、边跨直线段的"千斤顶预压"工艺取代"砂袋预压法""水箱预压法"工艺的大胆创新等，都是工区 QC 小组成员与工区全体员工凝心聚智的心血，每一项工艺难题的攻克破解和创新，带来的都是安全质量进度以及经济收益。

群策群力　齐弹安全旋律

"方案要先，制度要全，管理要严，监控要细"是在建溪特大桥施工过程中群策群力、齐弹安全旋律的核心思路。整个施工中，从基础的桩基承台到墩身施工，从连续梁的施作到各类特种设备、机具的使用，大大小小的安全风险点不下百个，技术方案不下 30 余个，贯穿了整个桥梁施工的各道工序环节和细节，与每个技术方案相对应的都有相应的安全技术交底和控制措施，方案的实施靠完善的制度做保证，制度的执行靠严格的管理来实现，安全的保证更要靠细节的全过程全方位的监控和把控。

基于这样的认识和思路，管理团队在整个施工过程的安全管控中，着力强调群防群治保安全。始终坚持抓大不放小，"小题大做"抓安全。在职责和责任划分上着力强调安全任务划归至部门；安全职责分解至全员；安全责任划归在主管。上下有责，各司其职，形成了群策群力、群防群治保安全的良好局面，营造了事事有人抓、处处有人管的齐抓共管氛围。

在"抓大"方面，针对建溪特大桥重大的安全风险源控制点实行专管专控。在专管专控上，实施的是工区领导班子亲自挂牌督阵实施监控。如在跨越 205 国道和既有线施工和跨越建溪河高墩大跨的重大风险施工时，针对 9 台塔吊，两台施工升降机，十余个挂篮还有大型模板这些特种设备的安全使用管理，为控制好"塔吊倒塌、高空坠落、脚手架坍塌、挂篮坍塌、既有线行车事故"这些重大安全风险，工区领导班子成员都会蹲守现场亲自指挥实施监督控制。所谓"不放小"，就是"小题大做"抓安全：坚持"小隐患，大分析，大整改"；坚持"小经验，大总结，大推广"；坚持"小成绩，大宣传，大表扬"；坚持"小改革，大支持，大配合"；坚持"小困难，大帮助，大解决"；坚持"小矛盾，大排解，大沟通"促进全员安全意识增强。合福高铁南平建溪特大桥跨既有峰福线连续梁施工是该桥施工过程中的一个重大危险源控制点，很多的控制点都在小的细节上。

精益求精　合奏质量乐章

为实现施工过程中把每道工序做得扎实合规，切实把建溪特大桥打造成一座放心工程的目标，工区在质量控制上精益求精，上下合力，奏响了质量控制"四部曲"。一是做好施工方案的技术交底培训，力求现场管控人员和作业工人了解熟悉并掌握施工方法和实际操作流程及相关技术要求，通过培训交底统一管控人员和作业人员的思想认识，规范作业行为；二是严格报检程序，扎实做好每道工序的检验流程，从自检，到项目部检验，到监理、业主检验，着力在自检上做文章、下功夫，在源头上排除和根治可能出现的质量隐患和弊端；三是做实每道工序施工过程中的全程监控，达到有作业的地方就有监控人员在场旁站监督；四是在创新中寻求质量保证和提升。立足现场实际，革新技术和工艺，有效提升和改进施工质量。"四部曲"的拟定和扎实实施，促进了现场施工过程中每道工序施工质量的有效控制。

在 17#、18#、19# 承台施作过程中，由于该承台属于大体积混凝土施工，一次性浇筑混凝土要达到 2427.6 立方米，浇筑过程中以及浇筑后的温度控制是决定承台质量的关键，工区制定了严格的技术方案，即在承台内预埋薄壁无缝钢管降温管及测温元件，混凝土浇筑过程中至养护期结束，安排专人进行温度监控，进而合理调整通水速度，降低混凝土内部温度，调整内外温差，以保证混凝土施工质量，同时在施工前，还对现场监控和管理人员以及作业员工，就技术方案和操作要领进行了专门的技术交底培训。从而确保了承台的施工质量并顺利通过检测。

17# 承台属深水基坑施工，原设计的桩基和承台采用双臂钢围堰加钢平台的水上作业方式进行施工，因其地理、水温、地质条件等原因，安全质量风险较大，施工过程中投入以及难度增加，项目 QC 小组把其列为 QC 攻关项目，小组成员经过对青岛海湾大桥、大西铁路 79# 墩深水基础施工等类似项目的水中墩锁扣钢管桩围堰深入现场调查，加上对现场地理、水文、地质条件的比对分析，最终确定改为锁扣钢管桩围堰施工，取代了原设计，结果显示，该工艺的实施不仅在质量上实现了施工质量一次合格率 100% 的目标，同时也取得了良好的社会效益和经济效益，该成果在集团 QC 成果发布会上取得第一名的好成绩，《提高水中墩锁扣钢管桩施工质量一次合格率》QC 成果在 2013 年 4 月 24 日由中国中铁第三十三次质量成果发布会上荣获优秀奖，在 2013 年 7 月 9 日的中国施工企业协会于昆明举办的 2013 度全国工程建设质量管理活动成果发表会上，喜获 2013 年度全国工程建设优秀质量管理小组二等奖。

中铁隧道全体参建员工，用自己的智慧和汗水，坚韧和自信，以敢为人先的豪情，以合福高铁建设的丰硕成果，展现了中铁隧道的风采。真正的财富不完全是总结了些许的施工经验和技术，而是历经风雨洗礼，打造出来的团队精神，是团队无所畏惧、团结一致，敢为人先的气魄和精神，这也是中铁隧道人的真正风采。

（撰稿人：蒋光华）

① 外瑶坪大桥顺利完成

② 大横隧道顺利贯通

③ 合福架桥忙

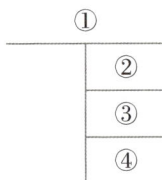

① 260t 主梁被两台 300t 大型吊车安全提升安装

② 2012 年 10 月 1 日，京福梁场坚持施工

③ 2012 年 12 月 2 日，仁墩连续梁中跨合龙

④ 运梁途中

精心建造精品

——中铁电气化局合福高铁四电工程建设纪实

2015年6月28日，被誉为中国最美高铁的合（肥）福（州）铁路正式通车，也标志着合福高速铁路全线运营。

中铁电气化局承担了全线牵引供电、电力供电、通信、信号、四电房建、防灾安全监控、旅客服务和信息系统等施工任务。为了这条最美的高铁，中铁电气化局上万名建设者，通过科学组织，精心施工，克服标准高、桥隧多、山路多、交叉施工干扰大等困难，坚持超前谋划、超前介入、超前预想、超前施工，用智慧、激情和汗水铸造了又一座工程丰碑，再次展现了国家队的风采。

谱写闽赣华章

合福高铁闽赣段经江西省上饶市以及福建省南平、宁德两市，南至福建省省会福州市，正线全长466.8公里。2013年9月26日，中铁电气化局集团合福高铁闽赣段"四电"工程项目部在福建省南平市延平区南铝一号大桥上成功组立了第一根接触网杆，标志着闽赣段"四电"集成工程正式拉开序幕。

推行"五化"施工强化过程把控

合福高铁闽赣段位于江西省东部、福建省东北部地区，经江西省上饶市和福建省南平、宁德两市至福建省福州市，正线全长466.8公里。工程沿线地处福建、江西偏远地区，交通不便；沿线穿越地貌单元较多，气象环境多变，施工区域雨季较长，台风频发；沿线途经婺源、上饶、五府山、武夷山、古田等历史文化名城和重点旅游景区以及饮用水源保护地等区域，工程施工任务艰巨。

2013年9月26日，中铁电气化局集团合福高铁闽赣项目部在福建省南平市南铝一号大桥上立起第一根接触网杆，拉开全线四电工程施工的序幕。在建设过程中，项目部推行"五化"施工管理法，确保工程施工安全有序。

工程开工之初，中铁电气化局集团选派精兵强将组成3个分部。其中，一分部负责福建段的接触网、变电、房建专业施工，二分部负责江西段的四电工程、防灾、房建、客服专业施工，三分部负责江西段的通信、信号、房建专业施工。项目部编制了《项目标准化管理手册》，建立起施工生产管理各个环节的具体制度，明确项目部领导、各管理部门负责人及各分部责任人的责任目标，并逐级分解落实。同时，项目部将管理层人员的领导责任制和作业层人员的工序实名制结合起来，增强各级人员的目标责任意识。

接触网硬横跨

　　项目部不断优化施工组织，统一各专业作业标准。项目部的作业队严格执行施工标准，锁定各个工期节点，优化资源配置，实现施工组织"精确指导"的目标。项目部举办接触网施工技术培训班，并邀请厂家的技术服务人员到现场为员工讲解接触网零部件安装、力矩扳手使用方法以及接触网预配质量控制等课程。项目部在全线建立调度指挥系统，每周召开两次工程调度视频会，加强现场指挥和管理。各分部每天召开碰头会，当场解决施工中遇到的难题。

　　在施工过程中，项目部按照"谁施工，谁负责"的原则，采用全过程工序实名制管理模式，不仅将电力、变电、接触网全部纳入实名制管理范围，还将物资材料、设备进场出库纳入实名制范畴。除了用实名制记录本记录外，项目部还要求在施工现场张贴和悬挂实名制卡片，将施工重点工序梳理列表，在施工中全过程监控。每道工序完成后，作业人员都要进行实名制签认，使检测施工质量有了详细的原始资料。项目部从物资设备采购入手，编写了高标准的物资采购设备技术规格书，并进行严格的审批。项目部所用物资统一在中国采购与招标网和集团公司物资招标网进行物资集中采购。

项目部依据牵引供电、电力、通信信号、防灾、四电房建等专业的128个工序流程，制定了相应的工艺标准。在全线每个专业的首个工序，项目部组织各分部、作业队、班组进行层层示范贯标，促使作业人员在施工过程中掌握工艺标准。对每一个新的专业项目，项目部首先组织技术交底，然后开展作业人员现场示范，经技术人员点评后形成统一的工艺标准，再推广实施。

项目部成立了安全质量督导部，在现有的安全质量保证体系上又增加一层质量安全监督检查屏障。项目部从作业一线抽调10名技术骨干，组成2个督导小组，并对督导人员开展系统培训，明确督导检查重点内容和标准。督导人员进驻各项目分部和所属施工作业队实施监督检查指导。针对检查中存在的问题，安全质量督导部共编辑25期《质量督导周报》，以图文并茂的形式挂网公开，确保整改及时、有效地进行，保障施工质量安全。

<h2 style="text-align:center">把控关键环节攻克施工难题</h2>

自工程开工建设以来，面对交叉施工干扰大、外部接口多等困难，项目部强化全过程管控，发挥专业施工优势，大力开展技术攻关，不断优化施工方案，确保各项工期节点目标的实现。

在工程施工的关键阶段，中铁电气化局集团领导到项目部现场办公，提出具体要求，解决实际问题。集团参建单位西安电化公司、上海电气化分公司、西安电务公司主要领导也到现场帮助协调施工力量，帮助解决工程建设中的困难和问题。项目部还邀请集团公司接触网、变电专家到现场进行技术指导，把关会诊技术难题。

项目部常务副经理李达钢、党工委书记李红江等领导分工负责，在现场盯岗把控，及时解决施工过程中遇到的难题。各分部严格按照工期要求，细化各专业施工组织计划、合理配置各方资源、有序安排施工生产，确保各个施工节点的实现。

项目部在全线开展"大干120天，确保主体工程完工"的劳动竞赛考核评比活动，不断掀起大干高潮，确保施工各项指标完成。项目部成立竞赛考核评比小组，每个月对完成施工进度和投资、安全质量、综合治理等情况进行综合考核评比，并将评比结果上墙公示和上网公布。项目部本着鼓励、鞭策的原则，针对各分部指标完成情况落实奖惩制度。

项目部制定了分片包保盯控制度，与相关人员签订了包保责任书，及时协调解决现场各种施工问题，强力推进施工进度。项目部一方面积极与业主、监理、设计院及站前等单位联系沟通，及时排查和解决制约四电施工的问题，不断梳理细化施工组织，加大对房建专业的协调力度，为变电专业早进场施工创造有利条件；另一方面，项目部组织骨干技术人员和得力的设备安装队伍，根据既定的工期节点，倒排工期、倒计时间，边验收、边整改、边施工，把存在的问题编号入库并制定整改方案。

项目部实行接触网关键零部件预配加工工厂化，确保全线工艺标准统一。项目部在南平、德兴两个中心料库分别成立预配加工车间，全线25863

组腕臂和 6 万余根吊弦全部进行统一预配加工，加工产品经实名制预配和严格检验合格后，发往工班进行现场安装。

项目部在接触网腕臂和吊弦计算中应用自行研发的计算软件系统，数据参数可根据不同的安装环境进行修正，摆脱对国外技术软件的依赖。项目部在接触网施工中成立专业化的测量组、计算组、预配加工组、安装组、接触线架设组等，提高了工作效率。

项目部对接触网预配加工、安装、平推检查进行实名制签认，落实质量个人负责制。项目部成立督导组、抽检组，对施工后的区段进行抽查。为保证接触网零部件安装可靠、标准统一，项目部将接触网安装标准及常见错误图片进行对比，制成图册，发放到员工手中，指导安装作业和检查。

技术人员在架设接触网导线

项目部接触网放线施工全部采用国内先进的恒张力放线车，保证了接触网导线数据的可靠性。接触网钢柱安装除采用汽车吊、轨道吊外，项目部还自行研发接触网专用立杆车，专门用于在汽车吊无法到达、轨道吊尚不能进入的地点进行立杆作业，加快了立杆进度。

凝心聚力保工程任务目标实现

为实现集团公司领导提出的"站在京沪高铁的肩膀上，干好京福客专，创造中铁电气化系统集成新水平"的总体目标。项目部党工委通过抓好项目特色党建、项目文化和"三工"建设等各项工作，为工程安全优质推进提供了坚强保障。

项目部党组织开展了"京福客专党旗红，攻坚克难立新功"党建主题活动和"讲正气、聚合力、树形象"等主题活动，党员充分发挥先锋模范作用，用实际行动带领身边员工全身心投入到施工会战中。2014年春节期间，项目部4000多名参建员工依然坚守施工岗位，保证了项目的工程质量、安全生产、质量信用评价、精细化管理和党建工作争先。

何福勇作为一分部总工程师，从项目开工初期和设计院沟通，从要图纸到安排工地测量，从制定施工规划到安排施工组织，从解决技术难题到施工现场指导，他带领技术人员解决了许多一线施工难题。二分部通信专业项目经理王涛优化施工方案，带领参建员工仅用35天时间就完成了600公里干线光缆敷设、接续施工任务，刷新了全线通信工程施工的记录。

三分部总工程师魏世安在上饶枢纽站遇到过轨管线无法在高架桥埋设的施工难题。他多次在现场勘查并与站前施工单位沟通，根据电缆径路图，重新对槽道过轨情况进行梳理，提出在不同桥墩处开凿锯齿口，提前预留安装桥槽的电缆过轨实施方案。该方案获得了设计单位的认可，得到了建设单位的好评。

创誉徽皖大地

高铁通了，醉人的美景近了，出行的路途不再漫长了。为了这条最美的高铁，承担合福高铁安徽段"四电"工程施工任务的中铁电气化局集团4000余名建设者，历经1700多个日日夜夜，克服标准高、桥隧多、山路多、交叉施工干扰大等困难，坚持超前谋划、超前介入、超前预想、超前施工，铸起精品工程，创誉徽皖大地。

精心筹划开好局

合蚌、合肥枢纽段"四电"工程是合福高铁安徽段"四电"项目首先开通的区段。中铁电气化局集团合福安徽项目部面对诸多难题，精心筹划、逐个击破，确保项目施工顺利进行。

项目部经理杨兆余、党工委书记李怀锋带领管理团队走进沪杭高铁观摩了变电所、配电所、通信基站、车站和区间接触网，现场学习了各专业施工过程的经验、做法、工艺。项目部先后邀请接触网和变电所专家到项目部开办高铁技术和施工管理讲座，与作业队和一线施工人员面对面进行技术交流，现场答疑解惑，将高铁施工技术送到一线。项目部组织工程技术管理人员广泛收集整理京沪、哈大高铁技术应用和施工管理信息，并组织开展全员培训，加强新工艺和新技术的应用。

为确保实现各节点工期目标的完成，一方面，项目部坚持召开施工生产

合肥枢纽大拨接接触网改建施工

会和工程进度分析会，召集各专业管理人员，集思广益优化施组方案，精益求精，细化施工组织，将计划分解到月、周、日，逐级落实到分部、作业队和施工班组，使各项施工资源效用最大化，形成推进工程建设的强大合力。另一方面，项目部派专人紧盯站前施工动向，坚持站前条件成熟一段集中优势力量突击施工一段，变被动为主动，破解施工瓶颈，确保各项节点工期目标如期实现。

接口预留是干好"四电"工程的基础，为此，项目部组织有关专家、技术人员编写了《四电接口工程检查验收技术手册》，组织工程技术人员配合站前施工单位进行"四电"接口预留的检查工作。项目部组织工程技术人员提前介入站前施工工地，深入大山深处，对站前施工涉及"四电"工程的近万处预留接口进行全面系统的定位检查和脱模检查，及时纠正站前单位金属杆件、沟槽管线等预留工作中的偏差，为后期"四电"施工顺利推进奠定了良好的基础。

管理创新铸精品

要站在京沪、沪杭、沪宁高铁的肩膀上干好合福高铁"四电"工程，实现高铁"四电"工程的新提升。这既是集团公司领导的要求，也是项目部全体员工的奋斗目标。为实现工期目标，项目部提出"超前预想、超前谋划、超前介入"的思路，落实干部盯岗制度，项目部班子成员坚持带头"沉"下身子，每天奔波在施工现场。

项目管理团队凭借多年积累的施工管理经验，结合合福高铁安徽段的实际，精心设计了一系列易于操作的软件系统，实施数据库管理。同时，项目部充分发挥中心料库工厂化加工优势，将接触网腕臂组装、整体吊弦制作等集中在中心料库进行，不仅提高了工作效率，更使施工质量有了可靠保证。项目部组织编制施工质量图文对应小册子，员工人手一册，对照标准施工；在作业车上设置标准力矩卡，使员工短时间内普遍掌握施工质量技术标准；独创表格式管理，许多表格都发挥集体智慧设计，简洁明了；对影响施工进度的问题分类建立电子版问题库，分工明确、责任到人，加快施工进度并提高施工质量。

项目部强化工程质量过程控制，从严从细把控各环节关口。项目部成立安全质量工作专项检查小组，形成作业队交叉检查、分部整体检查、项目部抽样检查、技术安质管理部门不间断跟进检查的全过程监管格局。

在安全施工管理中，项目部先后开展了45场安全教育培训，培训内容涵盖岗前安全教育、安全技术交底、现场安全防护、危险源辨识、文明施工、特殊工种委外培训等多项内容。项目部还结合现场实际，把安全质量风险管理与信息化有机结合，制定了安全质量风险管理办法。项目部在每项施工作业进场前，对关键工序存在的安全隐患进行辨识和评估，并绘制成风险公示图进行公示，实现安全质量标准化、制度化、流程化管理，有效防范和化解了安全风险。

众志成城齐攻坚

在合蚌高铁涉及的蚌埠枢纽既有京沪线电气化改造、合肥站改转线配合等高度紧张的施工中，项目部党政工团齐抓共管，形成合力。项目部领导精心制订专项施工方案，并提前与相关单位进行对接和模拟演练。各级管理者始终心系一线，查现场、查实情，掌握一线最详尽、最准确的资料，到一线检查进度、安全质量等方面的工作，对于现场发现的问题，召开专题会议，研究部署方案。项目部领导还亲自上手，操作示范，向一线送温暖、送技术、送方法、送资料。在施工关键阶段和重要时刻，项目部领导坚持到现场盯岗，协调处理各项工作。

项目部推行开放式的工程质量管理。对外，他们虚心接受建设、监理、设计、地方领导和业内人士对施工质量进行监督检查，对其提出的意见和建议及时整改。对内，他们研究出台劳动竞赛和施工管理考核机制，使安全质量管理实现检查、整改、考核、奖惩的闭环式管理，调动各级人员抓安全质量的积极性。项目部从安质、工程、技术岗位选派优秀青年担任安全员，建立项目部、项目分部、作业段、架子队、班组五级青安员管理网络。项目部全员参加安全技术交底、安全培训、应急演练等活动，积极主动介入安全生产大检查，进一步提升工程质量和项目管理水平。

在合福高铁安徽段施工生产的各个关键阶段，项目部党组织始终围绕中心工作，出主意、想办法、建制度、搞活动，展示了"统一认识的动力足、营造和谐的氛围浓、融入大局的主动性强"的良好项目党工委形象，充分发挥了党支部的战斗堡垒作用和党员的先锋模范作用。

在建设过程中，合福安徽项目部相继获得火车头奖杯、安徽省工人先锋号、上海铁路局创先争优标杆单位等荣誉；连续三年被评为合福高铁安徽公司优秀项目经理部，连续四年荣获创"双优"工作先进集体称号。项目部常务副经理、党工委书记连续三年获得全线最佳项目经理和优秀项目党工委书记称号。项目部有一批建设者获得火车头奖章和安徽省铁路建设先进个人荣誉。当高铁列车穿梭于山峦湖畔、乡野花海时，人们不会忘记，建设中国"最美高铁"的中铁电气化局集团建设者的故事和这条高铁一样美丽。

智攻合肥枢纽

时间定格在 2014 年 6 月 18 日 21 点 30 分到 19 日 8 点 30 分。在合肥铁路枢纽 20 多公里长的线路拨接改建工地，西安电化公司、西安电务公司与中国中铁兄弟单位近万名建设大军协同会战、采取立体交叉作业，经过 11 个小时的夜战，成功地将合福高铁蚌福联络线引入合肥枢纽，使合肥枢纽大拨接改建施工完美收官，书写了中国铁路建设史上光辉的一页。

这是安徽铁路史上前所未有的线路拨接改建施工，这是上海铁路局近十年来规模最大的一次线路拨接改建施工。

积小胜为大胜

合肥铁路枢纽 6·18 大拨接施工属于铁路一级施工，全路关注！

要在合肥枢纽桃花店至长安集间的 10 个拨接口，长达近 20 公里的工作面，完成合武绕行线桃花店—合肥西—长安集站间及合九线合肥西到竹溪站间线路拨接、接触网改造、联锁软件修改等项施工任务，将蚌福联络线成功引入合肥枢纽，为正在建设中的京福高铁腾出通道。与此同时，利用既有合武绕行下行线、合九线，新建、改建合武绕行上行线，形成蚌福联络线上下行线、合武绕行上下行线四线并行格局，理顺既有合蚌、合武绕上绕下、宁西、合九、新建合福之间的线路关系。工作量之大、工序之多、安全压力之重，夜间施工之难，在中国铁路建设史上少有，可铁路总公司安排的施工封闭时间仅有 11 个小时，难度可想而知！

6·18 大拨接施工成功与否关系到集团的声誉，对西安电化公司的施工实力和管理能力也是一次严峻的考验！

为了打胜这一仗，早在一年前，西安电化公司京福项目部就开始对合肥大拨接转线任务进行谋划。西安电化公司副总经理、京福项目部经理杨明明在会上提出，要确保 6·18 大拨接万无一失，必须靠智取，把合肥枢纽转线的全部工作量进行分解，把大拨接前的每一个封闭点用足用好，把工作向前赶，做到举轻若重，把 6·18 大拨接的工作量减到最少，这样才能积小胜为大胜，当 6·18 来临才能做到心中有数，举重若轻。这个观点在班子中形成共识并转化为行动。

合肥铁路枢纽运输和施工都十分繁忙。为了减轻运输的压力，每天施工封闭点都安排在车流量较少的凌晨时分。封闭时间短，工作量多，夜间施工难度大，成为摆在面前的难题。从 2013 年 9 月进场以来，五段段长张文革就带着他的队伍投入到了繁忙的工作中，下午备料、研究制定当晚施工方案，做好施工前的准备，夜里进行封闭点施工。

每天两小时左右的封闭点，都在 23 点之后。改建线路上的接触网设备都要拆装，光是十几米长的硬横梁，就要拆装 120 多组，时间虽紧，施工压力大，但决不能砸点，这是铁律。最"疯狂"的一次，一晚上有七台吊车同时进场施工，70 多人夜战，稍有不慎，就会出问题，那段时间大家的心都提到了嗓子眼。

施工初期，有一次在线路高空拆卸横梁时，由于横梁一端的螺帽锈死，拧不下来，梁卡在空中，险象丛生，赶忙临时增援一台吊车，这才把横梁安全"护送"落地。经历了这次事件，项目部赶紧总结经验，采取措施，进一步完善方案。后来，每天下午，施工负责人都先带着工人到现场，用激光测距仪测量好横梁安装的数据，晚上施工时也就有条不紊了。

为确保晚间施工衔接有序，每天下午，各小组负责人都要集中在会议室，进行"桌面推演"。所谓"桌面推演"就是由各小组负责人陈述自己小组的每一步施工工序，列出所需时间，然后将各小组施工串联起来，研究当晚的整体施工方案，解决各个组衔接问题，确保在有限的时间内，顺利完成工作量。

现场人员机械多，夜间施工现场没有其他光源，仅靠手电的光亮，拆除原有线路上的接触网部件时，稍有不慎就会发生物体打击和高空坠落的事故。因此，施工安全便成为重中之重。为确保安全施工，每一个封闭点都安排了干部盯岗。

一年很快过去了，盘点 125 个夜间封闭点，全部安全顺利地完成了施工计划，为 6·18 大拨接任务的完成奠定了坚实的基础。

<h2 style="text-align:center;color:#3b7fc4;">大拨接方案细之又细</h2>

6·18 大拨接参与接触网转线施工工人有 400 多名，加上站前单位与通

信信号施工人员，当天进场人数达近万人，如何使施工井然有序，忙而不乱，就需要一个细致周全的施工组织方案。

在公司办公会上，西安电化公司领导要求，将合肥 6·18 大拨接作为公司重点工作，拨接方案要细之又细，经得起推敲。由工程管理部、安质环保部等部门组成工作组，每个组员负责一个拨接口的盯岗工作。要根据施工方案，做好施工前的演练工作，现场交叉作业要注意搞好协调工作。

项目总工辜毓星挑起了制订施工方案的重担。"开始制订方案时压力大，需要考虑的因素太多了，晚上愁的睡不着！"提起那段日子，辜毓星挺惆怅的。五段之前从事的都是新线路的施工，没有时间限制，无触电危险，施工组织相对简单。这次大拨接却不同，11 个小时的夜间施工，400 多人的队伍，要考虑到安全卡控、夜间照明、人员通讯、后勤保障等方面，而且各环节间还要做到无缝衔接，这也太难了。为了拿出切实可行的方案，辜毓星收集了一批以往铁路拨接施工资料，咨询了在铁路施工单位的同学朋友，整理了数万字的文字资料相关图表。经过几个晚上的熬夜编写，拨接方案出炉了！当辜毓星把编制好的方案摆在项目经理杨明明面前时，却被告知先将方案送给公司、项目部各部门和各作业队审核。

"23 点 30 分之前下行线还在行车，施工工作面大，安排的现场防护人员明显不足。""梯车组安排不合理，怎么有的组才四个人，都踩梯车没人干活了？""螺丝生锈，扭不下来怎么办？""剪掉的旧线堆在现场，谁来清理？"……

来自方方面面的质疑，使项目领导班子对问题有了清醒的认识，他们认真审视存在的问题并抓紧解决。白天，辜毓星到合肥枢纽现场实地勘察，听取职工的意见，将现场每一处难点和关键点牢记在心。晚上，找到了段上有过转线施工经历的职工，向他们了解当时的施工情景，请教关键注意事项。在此基础上，他召集项目部工程部、安质部、物资部等部门集中研讨，征求大家对方案中的安全、质量、照明、通讯、后勤等方面的意见和建议，将修改后的方案，发给公司各相关部门，再次听取他们的意见。就这样，方案几上几下，多次修改，不断完善。10个拨接口一对一，都制定了不同的实施细则。进场的梯车何时做什么精确到分钟，现场如何防护，材料怎样回收，甚至施工人员的手机、对讲机的备用电池，工人们吃喝完剩下的空瓶子、包装袋的回收，都安排得详细周密，一一做了说明。

方案确定后，项目部按照人员分工，将方案发到每个施工人员手中，要求每个人都要熟悉方案。紧接着对各拨接口负责人进行现场培训，组织人员，到所属责任区，实地展开技术和安全交底。对工人一对一模拟教学，拿着方案，指着现场各部位，几点几分干什么，注意什么事项，让所有人牢记于心。工人们之间还进行相互交底、相互检查、监督。培训过后，项目部组织了抽查考试，对培训成果进行检验，查找问题补漏洞。

2013年6月17日下午，在施工前的动员会上，项目经理杨明明慷慨陈词。"现场每个人要清楚自己的工作，做到各环节严丝合缝，现场各种信息按照约定方式流畅地传递，实现静默式指挥，做到忙而不乱，智取合肥，夺取胜利！"

"别看杨总开会时很严肃，私底下经常鼓励大家，满满的正能量！"项目党工委书记杨玉安掏出手机，有很多杨明明群发给职工们的信息。"同志们，大家辛苦了。希望你们拿出精气神来，要想事、做事、做大事，要圆满完成大拨接的施工任务，使之成为展示我们企业形象的窗口。"

漂亮的成绩单

6月18日夜，按照预定的方案，西安电化公司京福项目部400多人的队伍，提前进入近20公里的线路上。合肥铁路枢纽改建工地灯火通明，人声鼎沸，近万名建设大军投入百台大型机械，挥汗如雨地进行立体交叉作业，拨接轨道，对合肥铁路枢纽进行"大手术"。此时，杨明明气定神闲，正坐在6·18大拨接指挥中心的会议室里，通过视频直播，对现场施工情况进行观察。

由于站前单位的延误，西安电化公司的施工人员进场已经晚了一个小时，可他们依然准时高质量地完成了施工任务，向业主递交了一份漂亮的成绩单。在施工总结会上，西安电化公司受到了指挥部的表扬。

6月19日早上9点30分，当第一列动车从改造后的合肥西站缓缓通过时，西安电化公司在场的员工不少人留下了热泪。200多个日夜的奋战，11个小时的拼搏，欣慰的是，这一仗虽然艰难，但，我们成功了！

（撰稿人：罗瑞军　李红江　倪树斌　郭永俊

张林强　李文科　王　磊　李辉辉）

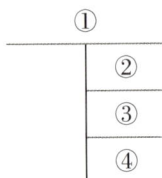

① 党群标准化建设推进暨施
工动员大会

② 学习巨晓林

③ 开展党员示范岗创建活动

④ 巨晓林和工友研讨新工法

①	②
③	
④	

① 中铁电气化局党员
  先锋号工程

② 接触网落锚紧线

③ 首发列车驶过武夷山
  南岸特大桥

④ 动车组飞驰在武夷山
  百亩茶园

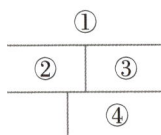

① 作业车行进在李坑特大桥

② 建成的合肥北城变电所

③ 建成的铜陵北牵引变电所

④ 建成的维修工区和警务区

打造"最美"精品工程

——中铁建工集团合福高铁铜陵北站、南陵站、泾县站建设纪实

中国"最美高铁"合福高铁于 2015 年 6 月 28 日正式开通，线路途径安徽、江西、福建三省。合福高铁通车后，合肥至福州由原来的 8 小时缩短至4 个半小时。中铁建工集团承建了合福高铁安徽境内铜陵北站、南陵站、泾县站 3 座站房。经过建设者的艰苦奋战，3 座风格迥异、匠心独具的地标性建筑已在青山绿水中拔地而起，正以崭新靓丽的风姿迎接着八方来客。

打造精品工程　苦难面前不退缩

中铁建工集团承建的 3 座铁路站房总建筑面积 2.1 万 m²，雨棚建筑面积为 18655m²，合同造价 2.2688 亿元，分别属于三个地级市的重点项目。2013 年，当中铁建工集团经过激烈竞争承揽到合福高铁安徽段三站房的施工任务后，以刘永峰为项目经理的领导班子在最短的时间内就组织人员赶到了施工现场。作为曾经参加过京沪、甬台温线、沪杭客专施工的单位，他们对干好这项工程充满信心！但是，当赶到工地后，困难却远比他们想象的要大得多！

　　回想刚进场时的情景，性格豪爽的项目经理刘永峰仍然感慨不已："铜陵北站 9983m²，泾县站 4500m²，南陵站更小，才 3492.7m²，跟我们以前建过的南京站、福州南站等大站比起来，简直是小儿科。可项目虽小，刚进场时却有很多大麻烦。"

南陵站

　　由于是第一次进入安徽施工，人生地不熟，加上地处偏远，地质环境复杂，资源匮乏，机械物资运送不畅，给现场施工造成了极大挑战，人员进场快一个月，还迟迟未能进入正常施工状态。困难面前，刘永峰心急如焚。他一方面与公司相关部门沟通，确保人员迅速到位，明确责任，理顺关系；另一方面，积极调研当地资源，确保物资设备及时供应。同时，他还主动与当地村委会联系，取得村民的理解与支持，确保现场施工的稳定有序。

其中，泾县站于 2013 年 10 月 16 日正式开工，前期施工条件十分艰苦，无水无电。项目部每日用水量约 4t，需从县城运至工地，保证简单的生产、生活需要；施工用电开始从站前单位接入 16m² 电缆线，满足现场照明及少量机械使用。期间，项目部紧盯年度工期目标，认真贯彻落实业主"不辱使命、拼搏奋斗、和谐有序、安全优质"的建设理念和"凝心聚力、攻坚克难、精雕实干、优质安全"的工作思路，积极开展以"奋战四个月、保质量、保进度、全面完成年度任务"为主题的劳动竞赛活动，争分夺秒、日夜奋战，确保了各个节点目标的顺利实现，于 2014 年 4 月 11 日成功完成主体结构封顶。

南陵站站房位于安徽省南陵县峨岭镇龙头山上，施工环境恶劣，2013 年 10 月 15 日开始进行站房基础土方开挖，全体员工不懈努力，开山凿路、上下协商，南陵站施工安全、质量、进度均位于合福高铁各站房前列，多次得到上海铁路局和业主的肯定。至 2014 年 4 月 28 号凌晨 1 点，中铁建工集团合福高铁安徽段站房二标南陵站工地现场最后一车混凝土浇筑完毕，现场鞭炮、烟花齐鸣，南陵站主体结构顺利封顶。

铜陵北站 2013 年 10 月 20 日人员进场，开始站房试桩的施工工作。但因征地及站前制梁场占地影响不能顺利施工，致使原定工期严重滞后。2014 年 4 月，场地才全面移交完成。在土方施工阶段，为了保证施工进度，项目部租用钢板铺设外运的交通道路，和地方村民积极沟通弃土场地问题，不错过任何一个能够将土方外运施工的机会。其中，铜陵北站房完成了约 15 万立方米土方的外运工作。雨季排水更是头疼问题，铜陵北站方圆 15 公里的水系均在站房区域通过，遇到下雨天气，每个人的心里都不踏实，就怕排水不及淹没了施工区域。项目人员集思广益，在站房周围修筑了三条排水沟，大家都穿上雨鞋、雨衣轮流值班，采取通、堵、排的方式解决排水难题，保证了现场顺利施工。至 2014 年 9 月 18 号，铜陵站主体结构顺利封顶。

虽然条件艰苦，困难重重，但项目领导班子和全体员工表现出来的不畏艰难、乐观向上和拼搏奉献的精神却感动着我们每一个人。逐渐地，供应保证了、干扰排除了，管理顺了、人心齐了、项目部各项工作也逐渐步入正轨。"公司的托付就是我们的责任，请领导放心！再苦再难，我们也要把这块硬骨头啃下来！"刘永峰斩钉截铁地说。

项目部三个站房有序的组织和高昂的士气，也获得了建设单位京福铁路安徽有限责任公司领导的高度评价，他们纷纷竖起了大拇指："你们真行！把活交给中铁建工，我们放心！"

打造精品工程　质量基石不动摇

铁路站房是一个繁杂的工程，包括土建、钢结构、装修、水电暖、四电等众多专业，经常会面临着各种专业交叉作业，各种质量规范、质量要求都不一样，标准高于普通房建工程。"我们一定要高标准、严要求，精心组织、科学管理，必须把干好这项工程当作一项重要的政治任务来抓！"在施工动员教育会上，项目领导发出了铿锵有力毋庸置疑的号召。

针对实际管理，项目部设置了工程技术部、安质环保部、经营预算部等核心部门。选拔了 20 名经验丰富的技术骨干，分小组充实到三个站房作业区，统筹工程施工管理。基础和主体结构是工程质量的基石。项目部从严控制，从模板制作到浇筑混凝土，从地面铺装到墙面抹灰，每一道工序都有技术、施工工艺交底，都必须经过工程质量部门的检验通过，再上报监理检验，整个站房施工中质量验收达到了一次性验收 100% 的通过，成为"免检"产品。

在站房室内外装修中，项目部紧紧抓住深化设计、样板实施、材料管控、细节管理四个关键环节，以深化设计为基础，协调装饰风格，以样板引路为抓手，确定实施标准，以材料管控为重点，确保实施效果，以细节管理为核心，筑牢精品基础，打造"施工精细、细部精致、效果精美"的精品工程。铜陵北站、泾县站、南陵站外立面均造型独特，具有丰富的地方文化元素寓意，铜陵北站正立面定制古青铜纹理铝板窗花造型美观、比例协调，泾县站外立面宣纸卷轴造型大气磅礴，南陵站飞檐造型尽显天下粮仓风范，在铁路总公司工管中心组织工程验收和合福高铁站房观摩中，倍加赞扬，铜陵北站等站房被立为全线精品工程标杆。

专业分包队伍的优劣，与安全质量、工期进度密切相关。项目部对劳务

泾县站侧面效果图

队伍的资质情况、资源配置、履约能力、管控水平进行严格把关，公开选用了 10 个施工队伍，并对其进行阶段性考核评比。在确保安全质量的前提下，他们高度重视施工进度，倒排工期、精心筹划、责任到人，一次次的劳动竞赛如火如荼地进行了，2014 年 6 月，项目部开展了以"合福高铁安徽段站前、站房、站后协同作战，加快四电工程建设"主题劳动竞赛活动。为完成节点目标，项目部倒排施工计划、奖罚兑现、狠抓进度、嫉慢如仇、争分夺秒、日夜奋战，各方力量积极发挥现场配合、协调服务相关职能，确保了关键节点目标的顺利实现，高标准、高质量、高效率地推进了合福高铁站后四电用房施工。

打造精品工程　动态管理保安全

安全质量是企业的生命。项目部作为建筑企业小细胞，它的安全质量更是牵一发动全身。在施工过程中，项目部技术人员、试验人员和质检人员"全天候"实施跟班作业，随时进行质量监控和旁站，牢牢握住安全的"命根子"。

健全保障体系。成立了安全质量管理组织机构，制订了《施工安全管理办法》《专项防控安全管理措施》《安全事故处理及预防预案》等一系列安全质量管理制度，成为施工生产中的"警戒线"，不可逾越；编制了危险性较大工程的专项施工方案、始终坚持安全技术交底；加大安全资金投入，强化对施工作业队伍的管理，实施入场人员教育制度，进行标准化作业。项目部以安全教育培训为重点，针对不同时期、不同阶段存在的问题和风险识别、隐患处理等重点确定培训内容，保证了培训质量和效果，增强了全员的安全意识和防护能力。同时，项目部针对施工作业人员流动性大特点，为进场的每一位作业人员建立了安全管理档案，实行动态管理。

加强过程控制。为落实安全生产制度规程，项目部建立了安全检查监督体系，坚持专职安全、质检人员旁站、领导带班制度、每周一次全面安全质量检查制度等，并通过布设视频监视，从技术手段上，确保现场全面受控。每个站配备 2 名专项安全员，负责对施工现场进行全方位、全天候的检查盯控。检查中，安全管理人员坚持"铁手腕、铁面孔、铁心肠"，对检查出的问题建立档案，监督整改。施工期间，项目部共计下达安全隐患通知单60 张，发现和处理各类安全隐患 80 条。常抓、狠抓，教育和奖罚，成就了项目一直到工程竣工未发生一起重大安全事故。其中，为了确保调试阶段的绝对安全，项目部每周组织召开一次安全分析会议，每天采用网络方式进行安全施工情况汇报、探讨。安全管理人员根据各自不同的分工要求，相关负责人每天在调试车辆开通前两小时，进行一次全面的站内安全大检查，并在结束后当日，开展全面的现场安全巡视，中途对人员进出的道口进行检查登记，每天检查不少于三次。由于调试列车时间不定，最早的凌晨 4 点开始，晚上 8 点结束，相关人员只能根据列车的运营时间更早起床，每个人都无怨无悔，联调联试期间无一例安全事件发生。

强化风险管理。针对各风险工程紧抓方案预控，严格执行过程中的风险交底，加强监控量测，通过监测信息平台对监测数据进行分析后及时反馈指导施工。制定了现场应急救援预案，落实抢险组织机构，储备应急救援物资设备，确保安全生产有序可控。

项目部实现了安全生产零事故，得到了业主、路局的高度评价，多次得到指挥部的嘉奖。其中，铜陵北站房被合福公司授予 2015 年"双保优胜项目分部"光荣称号。

打造精品工程　作风建设正能量

"致天下之治者在于人才，成工程之精者在于团队。"要建设好此工程，首先得保证有一支过硬的队伍。中铁建工在合福项目取得的辉煌业绩，得益于一个团结协作的领导班子。项目上场后，班子成员分工明确，责、权、利清晰，工作中相互支持不争功，相互补台不拆台，思想上互相沟通，生活上相互关心，出现分歧时相互理解，形成"辛苦不诉苦，有难共担当"的良好协作机制。

项目经理刘永峰、书记杜东顺、副经理闫选强、总工程师李平等围绕中心工作，每天早出晚归，深入现场分头负责解决问题。刘永峰围绕进度计划，认真详细地把指标分解到每个工作面，做到人员、机械、辅助工作超前准备，全方位为施工提供便利。每天一早到现场查看，协调工程中遇到的问题，发现问题当场解决；他以身作则要求所有管理人员保持手机 24 小时开机，要求每道工序管理人员必须全过程跟踪检查，出现问题随叫随到。他全心全意服务好现场，杜绝因管理人员服务不到位而导致停工，保证了施工质量、进度全面受控。尽管工程推进存在涉及的专业多、工期紧、营业线施工安全风险高等困难，但在他的带领下，项目部成员拧成一股绳，每天起早贪黑，与监理、施工及设计等单位保持密切协作。主管领导强劲的工作作风、雷厉风行的处事原则，带动员工上行下效，项目团队形成了坚强合力。

"来之前，就知道大家苦；来之后，发现大家比想象中更苦。"项目书记杜东顺说。七月份的皖南正值高温酷暑，户外温度接近 38℃，坐在屋里尚且汗如雨下，但同志们依然盯在现场，一天下来衣服就没干过。夏天潮热，紫外线强，脸上身上裸露在外的皮肤都被烤成了焦黑色，但翻开袖口，里面却仍是原来的肤色，大家都自嘲为"黑白无常"。此外，由于地处偏远，刚进场时，项目部连用水都要用车子运进来。洗澡更成了一件奢侈的事，大家在近40℃的高温下，一连好几天没有洗澡。但为了保证施工进度，项目部人员在南陵站、泾县站的土方开挖施工中坚持"两班倒"。南陵站、泾县站的土方由于是全风化岩层，开挖难度较大，必须进行破碎后开挖。晚间土方开挖基本要施工至凌晨两点以后，项目人员也跟随挖土施工，测量标高、基坑监测，监测数据，再完成汇总，基本到天亮休息。为了让南陵站有施工外出便道，项目常务副经理闫选强带领着项目年轻人走低、爬高进行线路规划，大家齐心协力砍树、除草，开辟山沟，历时一个多月，修筑了一条1000米长的临时道路。一路艰辛一路歌，中铁建工集团的职工用他们的智慧和汗水，在合福高铁的建设中展现出"铁军"风采！

在紧张的施工过程中，项目书记杜东顺始终坚持以人为本，从关心员工的角度出发，在繁重的工作之余，创造条件开展文体活动，丰富职工的业余生活。项目部倡导"家文化"理念，关注、关心和关爱职工成长。项目安质部长董永军母亲患有严重的心脏病，高额的医疗费使这个家庭不堪重负。项目工会积极筹款近万元，并向其家里寄去8700元的爱心款。正是有了这样一支向心力强的团队，才能够拧成一股绳，打了一个又一个胜仗。

两年多来，合福三站房项目部两个文明建设硕果累累。2014年7月10号，从京福铁路客运专线安徽责任有限公司传来喜讯，在6月份"合福高铁安徽段站前、站房、站后协同作战，加快四电工程建设"主题劳动竞赛活动中，上海分公司合福高铁安徽段站房二标项目部在站房施工单位中脱颖而出，获得第一名，被授予站房施工先进单位的荣誉称号，并得到 8 万元奖励。这是项目部继 2014 年一季度"优胜站房工程工点"和 2014 年 5 月"双保优胜项目部"后获得的又一荣誉。此外，2015 年 5 月 7 日，京福铁路安徽有限责任公司对合福高铁安徽段参建单位 2014 年度先进集体及先进个人、2014 年度合福高铁安徽段"双保优胜"主题劳动竞赛及创"双优"工作先进集体及先进个人进行了表彰奖励，中铁建工集团合福高铁安徽段站房二标项目部表现突出，囊获多项殊荣。

打造精品工程　收获中继续前进

不管哪里来的，聚起来就是兄弟、就是"拳头"，军队化的理念、人文化的管理，打造了一个凝聚力强的团队、执行力强的团队、钢铁的团队。

"中铁建工的领导、职工都十分敬业，一直坚守在车站，只要我们提出的问题，中铁建工项目部都迅速组织施工销号，从不拖沓。"这是站房各使用单位领导的评价。

2015 年 6 月 10 日，中国铁路总公司工管中心副主任徐尚奎等专家组一行，对合福高铁铜陵北站、南陵站、泾县站进行了房建工程静态验收现场审查，对项目部合理安排、精细施工所取得的外观效果赞不绝口。6 月 12 日，铁路总公司工管中心组织召开了合福高铁房建工程静态验收专家评审会议，各位专家对中铁建工站房二标建设情况均给出了极高的评价，徐尚奎副主任在最后的总结发言上表示，中铁建工集团在合福高铁站房建设中再创佳绩，在合福高铁全线站房建设中起到了引领作用，对上海分公司站房建设新成就表示祝贺！

中铁建工集团投入了一流设备、一流人力，科学组织施工，倒排工期，分阶段、分战役地攻坚。并通过卓有成效的思想政治工作，富有感召力的宣传鼓动工作，激励全体参建员工把三市市民的企盼化作精神动力，日夜奋战，顽强拼搏、乘风破浪、决胜皖南。三站房的顺利开通，给全体项目部参建人员带来了胜利的喜悦。看到第一辆高速和谐号列车安全平稳的穿过站台，车组留下的铿锵轮音还在回响，中铁建工参战将士们久久不愿离去，每个人都思潮腾涌、眼含深情。

岁月流淌艰辛，历史铭记辉煌。当昔日喧嚣的合福三站房工地归于宁静，中铁建工建设者的拼搏和奉献、勤劳和勇敢、心血和汗水已浸入钢筋、水泥，化为腾搏而起的"安徽铁路新骄傲"，他们的功绩必将永远镌刻在安徽崛起的印痕中，铭刻在江淮人民的心目中。

（撰稿人：张　秀　李晓东）

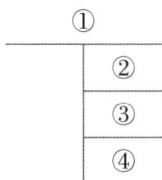

① 南陵站侧立面效果图

② 铜陵北站侧立面效果图

③ 泾县站地下出站通道

④ 铜陵北站候车大厅

闪光在合福高铁

——中铁科工集团合福高铁铜陵长江大桥建设纪实

2015 年 6 月 28 日，中央电视台新闻联播栏目播报了《合福高铁开通运营　福建进入高铁时代》的新闻，备受关注的合福高铁正式开通运营，被誉为"风景最美的高铁"。合福高铁铜陵长江大桥是合福高铁的控制性工程，同时还是合肥—庐江—铜陵铁路和铜陵至巢湖高速公路的过江通道，是"三大通道"的咽喉。

合福高铁铜陵长江大桥正桥全长 16.719 公里，由北引桥、跨江主桥和南引桥组成。其中，引桥采用 24 米和 32 米铁路标准简支梁＋现浇连续梁（跨大堤及河流）等结构形式；主桥为公铁两用大桥，全长 1290 米，为两塔五跨钢桁梁斜拉桥，跨径布置为（90+240+630+240+90）米，主跨 630 米，单孔双向通航。合福高铁铜陵长江大桥建设规模宏大，堪称世界一流桥梁。

中铁科工集团九桥工程有限公司承接了合福高铁铜陵长江大桥北岸主跨42 个节间（22 个吊装段）、边跨 38 个节间的钢梁制造，2 台 400 吨架梁起重机的研制和 22 个吊装段桥面焊接任务。

工程高、大、新、难

工程具有"高、大、新、难"等特点。

高——钢梁设计技术标准高、质量标准高、架设精度标准高；

大——世界一流桥梁，规模宏大，是当时世界上已建成和在建的最大跨度公铁两用斜拉桥；

新——大跨度桥梁施工、钢梁桁片式制造总拼技术、400吨步履式桅杆吊机的研制使用；

难——30米长双整体节点杆件制造技术难度大、桁片2+1匹配制造技术难度大。

承接钢梁制造任务后，九桥工程公司迅速成立了合福高铁铜陵长江大桥A标钢梁制造领导小组和项目部。领导小组由领导班子成员组成，组长由九

铜陵桥A标钢梁桁片启运

桥工程公司总经理担任、副组长由总工程师担任。项目部经理和技术主管分别由公司副总经理担任、副总工程师担任，下设五部一室的组织机构，五部一室负责人是富有经验、善于管理的人员。

项目部对全体参建人员反复进行"建设合福高铁铜陵长江大桥意义"的宣传教育，要求大家"全力按照中铁大桥局集团的要求，建设好世界一流长江大桥桥梁"，做好打攻坚战、打胜战的思想准备，保证完成业主下达的节点工期和进度目标！

从 2011 年合同签订，收到正式签认的图纸后开工，项目部迅速部署生产计划安排，下达生产任务指标，从人力、物力、财力全力保障项目生产需要：一是加强资源配置，优选施工队伍和机械设备；二是在工期保证措施及控制方面精心组织筹划，按照任务计划，倒排工期，把施工任务分解细化到季、月、旬、天；三是开展合福高铁铜陵长江大桥钢梁制造专项劳动竞赛评比活动，保证节点工期；四是每周召开专题项目生产进度调度会，从安全、技术、质量、进度上对大桥钢梁的情况进行汇报，着重解决过程中影响生产的因素，做到有问题早报告早解决。

最终，项目部从试制杆件的制造开始，经过共同努力，2011 年 10 月 29 日，在业主和监理的帮助下，顺利完成了试制桁片的拼装和评审工作。从 2012 年 11 月 7 日，桁片首次发运到 2013 年 7 月 30 日，桁片大拼全部完成，保证了节点工期，满足了业主施工架设进度要求和整体工期的节点要求。

敢于创新　勇于挑战

特大桥钢梁制造都有其特点和难点，项目部的技术人员在钢梁制造中迎难而上，面对问题创造条件解决问题，不怕苦，不怕累。合福高铁铜陵长江大桥采用国内首创桁片式杆件的设计施工理念，代表当今国内外桥梁技术高水平的标志性桥梁工程。在合福高铁铜陵长江大桥钢梁制造过程中，工程技术人员通过集体的智慧从杆件制造到桁片装船实现了五大技术创新，并积累了宝贵的钢梁制造和拼装经验，为以后特大型钢桥的施工积累了宝贵的经验。

技术创新之一：30 米长双整体节点杆件制造技术

合福高铁铜陵长江大桥主桁上弦杆为双整体节点箱形杆件，单根杆件总长 30010 毫米，最大高度 5030 毫米，最大宽度 2700 毫米，箱体内高 1524 毫米，内宽 1600 毫米，最大重量约 120 吨，采用 30 米杆件整体在工厂内加工。技术人员认真研究图纸、分解工艺难点、进行数据分析、模拟施工过程，召开技术交底会，经过反复确认确定了下料、组拼、焊接、划线的控制尺寸从而确保杆件精度，编制了《30 米长双整体节点杆件制造工艺》。同时在制造 30 米上弦杆首制杆件时，技术人员不畏艰辛，坚持蹲守在制造现场，认真地对每道关键工序的制作过程进行旁站和监管，发现问题及时和作业人员进行沟通交流，使问题解决于过程中，最后制造出的首制杆件的结构尺寸和焊缝无损检测检查一次性合格。通过优化工艺、合理部署各工序作业流程、控制各类尺寸，使 30 米长双整体节点在工厂内顺利完成杆件批量制造。

技术创新之二：穿入式锚箱的拼装焊接技术

锚箱处结构复杂，空间狭小，部分焊缝施焊操作困难，制造时，需要设计合理的拼装、焊接顺序。因此技术人员在编制工艺时将结构复杂的锚箱部分进行单元件预制，对预制的单元件从下料、边缘加工、组焊等在尺寸和质量上进行严格控制，将操作困难的焊缝转移到有利工位进行施焊，减小施工困难，提高效率，确保焊缝质量和安装尺寸，最后预制单元件严格按照工艺组装顺序和要求进行组装和焊接，顺利完成穿入式锚箱的制造。

技术创新之三：桁片 2+1 匹配总拼

合福高铁铜陵长江大桥整体桁片式结构是全新钢桥设计理念的运用，项目部根据设计要求，结合制造世界最大整节段钢桁梁制造经验，研究运用了新进的桁片拼装、制孔、整体焊接的工艺，制订了详细的桁片 2+1 的匹配总拼方案，桁片总拼在大型地模式拼装胎架上完成。根据桁片结构及工期要求，共设 2 个边桁，1 个中桁胎架。每轮次三段桁片同时总拼。桁片按照桥位安装的先后顺序采取 2+1 的匹配总拼方案。三桁结构，每桁对应一个地模式总拼胎位，共三个胎位同步拼装。桁片总拼按无预拱度定位拼装，即桁片上弦接口与下弦接口一致均无伸缩缝，每一个桁段均为标准的矩形。

总拼时利用杆件系统线标识和已钻制孔群按照端口匹配要求定位，采用工艺拼接板拼接辅助定位或号孔，桁片间斜腹杆连接采用工艺拼接板定位安装，工艺拼接板需满足起拱后节点中心距变化的连接需求，保证桥位安装为标准间距的拼接板。上弦杆工艺拼接板可采用下弦标准拼接板。同时切实做好安全防护工作，克服人员、设备、环境等问题，精心组织，合理安排，将重点、难点逐个突破，确保了桁片整体焊接变形的线型控制和尺寸精度，不仅确保了质量，保证了工期，也为桥梁整体桁片式结构拼装模式锻炼了技术、施工人才，积累了拼装经验。

技术创新之四：桁片立体装船方案

在桁片发运过程中技术人员发挥聪明才智，通过电脑模拟装船，攻克了整体桁片脱胎、转运、下水装船的难题，编制了《合福高铁铜陵长江大桥钢梁桁片立体装船方案》，采用桁片立体装船模式，改变以前的叠放式装船模式，一艘船可以一次性装三片桁片，独立放置，减少在吊装和运输过程中桁片整体线型变形的控制。通过业主现场安装实际情况证明，采用上述桁片2+1的匹配制造技术和发运方案，完全满足实桥线型控制要求。

技术创新之五：400 吨架梁起重机的研制

400 吨特大吨位桅杆起重机是专门为合福高铁铜陵长江大桥整体桁片架设而研制的一种安全、方便快捷的专用起重设备，具有起升高度大、起升速度快、变幅角度大、能自由回转、吊装定位精确等优点。

技术人员在总工程师带领下，通过对设计、结构、电气等方面的创新，使 400 吨特大吨位桅杆起重机具备如下特点：吊装不同结构不同重量的物体时，可自动调整吊具重心，使吊重物保持水平；吊具具有自动平衡系统；采用新型高强度的钢材 Q690D，减轻了吊机的自重；采用 solidworks 的虚拟样机技术，实现起重机设计一次成功；采用 AMEsim 进行液压仿真，实现液压系统的理论化控制；采用 RS485 通信控制起升和变幅控制系统与控制台；采用 RS485 通讯方式大大减少了变频器与 PLC 之间的控制线路，简化电气线路；吊机前支点横梁通过液压系统进行力的分配，合理解决了钢梁在三片梁上力的分配，减小了钢梁三片桁产生的高差，方便桥面板、横联等安装，该系统取得国家新型实用专利。

通过合福高铁铜陵长江大桥钢桁梁工地架设的实践检验，证明了400吨特大吨位桅杆吊机的各项性能完全能满足大型斜拉桥的架设需要，并大大加快了铜陵长江大桥的架设速度。400吨特大吨位桅杆吊机的成功研制对提高我国的桥梁技术进步起到了一定的推动作用。

通过工程技术人员的辛勤工作，编写了《合福高铁铜陵长江大桥钢梁桁片拼装质量控制》《合福高铁铜陵长江大桥钢梁桁片立体装船发运》的QC成果，先后获得了"中铁科工集团QC成果一等奖""中铁施工单位优秀成果奖"的好成绩。400吨架梁起重机的研制获得2015年度江西省科学技术进步二等奖、中国铁路工程总公司科学技术奖二等奖。

安全责任　重于泰山

项目部坚持"抓安全、促和谐，抓质量、求发展，抓进度、重履约"的理念，稳抓项目安全，落实到人，责任到人，层层把好安全关，认真履行职责，牢固树立"安质第一，预防为主，综合治理"的方针，正确处理安全与生产、安全与效益、安全与发展的关系，真正把安全摆在"第一"的位置，形成抓安质、促生产、谋发展的良性循环局面。

项目部设立了安全部，具体负责项目安全监管，责任到人，配备一名专职安全部部长，并配有2名专职安全检查员。一是，在项目开工前期，安全部先后组织编制下发了安全管理方面的规章制度，现场设置和悬挂了各种安全标识和标语，使得安全管理工作有章可循、有法可依，为安全管理工作夯实了基础。二是狠抓安全生产教育与培训。开工前对所有参建员工进行上岗前的安全教育，对从事电气、起重、高空作业、焊接、桁车司机等特殊工种的人员，要经过专业培训，考试合格取得资质证书后方可持证上岗。三是安全生产大检查。坚持开展安全大检查活动，要求项目部定期或不定期进行安全大检查活动，针对查出的隐患和问题，有针对性地制定整改措施，并责令各单位限期整改，将责任落实到各分部的第一责任人，安全部对整改情况逐项复查，直到隐患消除和问题解决为止。四是组织开展项目"百安竞赛"活动，并将日常的安全管理融入其中，以百安竞赛为载体，加强对安全工作的检查、监督及考核。五是充分发挥群安员在施工现场的安全监督职能，并做好对群安员的考核工作。

经过项目部全体人员的共同努力，在钢梁制造和桥面焊接期间，确保质量和进度同时，实现安全"零"事故的目标。

质量保证　齐抓共管

工程质量是合福高铁铜陵长江大桥建设中关注的焦点，也是关系国计民生的大事。从施工的第一天起，项目部从领导到员工就铭记"抓质量、促发展、以质取胜、造精品钢梁"的理念，提出"质量就是生命、以质量求生存、以质量求发展、向质量要效益"的目标，全面建立起质量监管体系，紧绷质量的弦。

在合福高铁铜陵长江大桥钢梁施工过程中，项目部设立了质量部，配备一名专职质量部部长，并配有6名专职质量检查员及3名无损检验人员，具体负责项目质量监管，责任到人。项目开工伊始，先后组织编制了各类质量管理制度，严格按制度执行。不断加强自检人员和作业人员自身的业务技能和素质，学习制规、新工艺、关键工序的质量技术控制点，并且焊工和切割手工经过项目部专项培训考试合格后方能从事合福高铁铜陵长江大桥钢梁的焊接和切割工作。严格按照合福高铁铜陵长江大桥钢梁制造合同、合福高铁铜陵长江大桥钢梁制造验收规则执行，从不放松，强化施工过程控制。坚持施工质量检查制度，严格执行"自检、互检、专检"三检制度，使施工质量在每道工序作业中都能得以有效控制。如在工艺上，项目部严格执行方案、工艺内部审查制度，内部审查通过后再报监理等单位审查，确保了方案、工艺合理性和可行性。原材料采用生产跟踪控制，工厂自检、监理平行抽检等多道关口控制。对钢梁生命线——焊缝内部质量，先由工厂自行无损检测，再由监理方平行抽检，确保了钢梁结构安全。在质量与进度，质量与效益发生矛盾时，始终坚持质量优先、质量第一的原则，宁做质量管理的"恶人"，不做历史的"罪人"。

项目部制造的钢梁质量及现场焊接质量管理和控制工作得到了业主的充分肯定。在合福高铁铜陵长江大桥钢梁制造中，中铁科工集团用精湛的技术和实干的精神，向业主交出了一份满意的答卷。

（撰稿人：刘　灿　曹　敏　高　波）

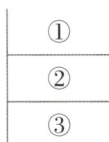

① 铜陵桥钢梁桁片在
　 码头上装船

② 自主研制的 CWQ
　 型 400T 桅杆起重
　 机吊装铜陵桥桁片

③ 铜陵桥钢梁在工厂
　 立体试拼

巧思秒笔绘长虹

——中铁大桥院合福高铁铜陵长江大桥设计纪实

铜陵长江大桥是合福高铁跨越长江的重要通道。大桥主跨 630 米，为目前世界已通车的跨度最大的公铁两用斜拉桥。该桥气势宏伟，建设规模宏大，集众多桥梁新技术、新材料、新工艺、新设备于一体，是我国公铁两用桥梁建设的里程碑式工程，代表当今国内外桥梁技术高水平的标志性桥梁工程，是中国铁路建设史上的一次新的跨越。大桥于 2010 年 4 月 18 日开工，于 2015 年 5 月开通运营。

结构设计显本领

大桥采用公铁双层布置，下层为合福高铁客运专线双线和庐江至铜陵 I 级铁路双线共四线铁路，上层为六车道高速公路。

主桥斜拉桥方案跨度布置为：90+240+630+240+90 米，主跨 630 米。主梁纵向采用阻尼约束体系。

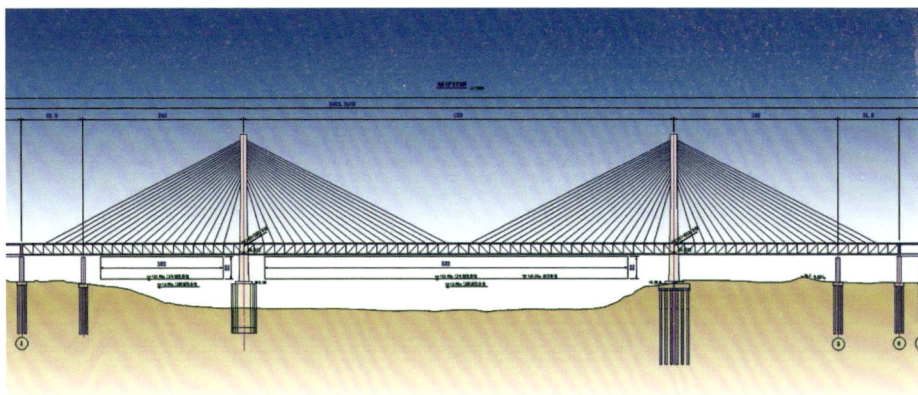

斜拉桥方案布置图

铜陵长江大桥的设计采用了多项技术创新，铁道部立项开展了《大跨度公铁两用斜拉桥关键技术研究》《高速铁路大跨度钢桥无砟轨道关键技术研究》，中国中铁股份有限公司立项开展了《钢绞线斜拉索在大跨度铁路斜拉桥中的应用》等科研课题，研究和解决大桥设计中的技术难题。

在《大跨度公铁两用斜拉桥关键技术研究》课题中，针对大桥的抗风性能、抗震性能、高速行车性能、新型主桁结构的抗疲劳性能、主墩基础的防撞设施、全焊桁片的制造与架设关键技术、大位移量梁端伸缩装置和轨道温度调节器设计等内容进行了研究。大量的研究成果已应用到铜陵长江大桥的设计中，提升了大桥设计的技术水平。

以铜陵公铁两用长江大桥为依托工程开展了《高速铁路大跨度钢桥无砟轨道关键技术研究》。高速铁路大跨度钢桥铺设无砟轨道国内外均无成熟的经验，是世界级难题。课题开展了桥梁结构设计研究，轨道结构设计研究，无砟轨道车线桥动力仿真分析等研究内容，并配套开展了室内试验。研究结论表明在大跨度钢桥上应用无砟轨道是完全可行的。课题的研究成果为推进我国高速铁路大跨度钢桥无砟轨道技术的应用提供了有力技术支撑。

铜陵公铁两用长江大桥是首座采用钢绞线斜拉索的铁路桥。在《钢绞线斜拉索在大跨度铁路斜拉桥中的应用》课题中对于钢绞线斜拉索的整索抗疲劳性能、索力的测量和控制方法等进行了研究，为钢绞线斜拉索的应用提供了技术依据。

技术创新夺第一

大桥设计和建设中，通过科研、创新、攻关破解了多项世界级技术难题。初步取得了"两项世界第一、五项国际领先"的技术创新成果。两项世界第一为：主跨 630 米为世界已建公铁两用斜拉桥跨度之首。大桥客车运营速度为 250 千米 / 时，为已通车的公铁两用斜拉桥速度之最。五项国际领先

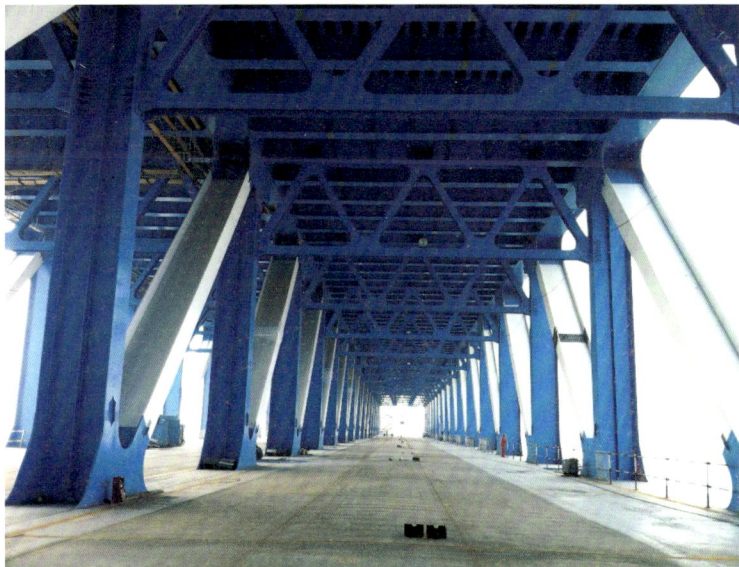

铁路桥面透视

分别是：大型深水沉井基础的采用，高疲劳应力幅钢绞线斜拉索的采用，新型阻尼装置的使用，钢桁梁全焊桁片的设计，箱、板、桁组合钢梁结构。

此外，中铁大桥院《合福高铁铜陵公铁两用长江大桥可行性研究》获得2011年中国中铁股份有限公司优秀工程咨询成果一等奖，2012年全国优秀工程咨询成果二等奖。《高速铁路大跨度钢桥无砟轨道应用基础研究》获得2014年中国铁道学会科学技术一等奖。

（撰稿人：张　强　李　伟）

后　记

　　"最美高铁"合福高铁是京福铁路客运专线的重要组成部分，是沟通华中与华南地区的一条大能力客运通道，对于促进中部崛起和海峡两岸经济区建设具有十分重要的意义。中国中铁广大建设者历经五载，用智慧和汗水铸就了合福高铁这一精品工程。砥砺初心，赓续精神。为记录中国中铁各参建单位在建设过程中的奋斗历程和精彩瞬间，股份公司党委宣传部（企业文化部）牵头组织各参建单位编撰了《最美合福》一书。

　　本书自 2015 年 6 月启动编写工作以来，各参建单位高度重视，精心安排，组织专人撰写有关材料。在此基础上，股份公司党委宣传部（企业文化部）于 2016 年 5 月开始编辑、整理，历时 6 个月，数易其稿，于 12 月付梓成书。由于时间和水平有限，在本书的资料收集和编写中难免有所疏漏，如有不妥，敬请各位读者批评指正。

　　谨以此书献给参加合福高铁建设的每一名建设者。

本书编委会

2016 年 12 月